Boris Prem

TÍTA'U

LEHRWERK VEDISCH

Die Sprache des ṚgVeda

Lösungen

Band III

Bibliografische Information der Deutschen Nationalbibliothek: Die Deutsche Nationalbibliothek verzeichnet diese Publikation in der Deutschen Nationalbibliografie; detaillierte bibliografische Daten sind im Internet über dnb.dnb.de abrufbar.

1. Auflage (07.2021)

Covermotiv (Getreideschwinge): Christine Prem
Herstellung und Verlag: BoD – Books on Demand, Norderstedt

ISBN 978-3-7543-2908-5

Parvan 68

Die ÁŚVÍN Erquicker des Letzten sogar

1. Die Schwarze sitzt bei den Kühen, den feuerfarbenen: Durchfahrt uns, o ihr beiden ÁŚVÍN, den Luftraum, fliegt herbei mit eurem rasch dahineilendem Wagen, den des SONNENGOTTES Tochter sich erwählt hat!
[die Schwarze: die Nacht]
2. Mögt zu Erquickung ihr beide uns sein heute! Des Nichtraschen sogar seid *ihr beide* Erquicker, des letzten sogar.

Zu der MORGENRÖTE Strahlen lasst uns gelangen!

1. Zu den Strahlen der MORGENRÖTE lasst uns gelangen, o Sänger, wie schnelle Rosse zum Kampfpreis!
2. Und Freundin bist du der beiden ÁŚVÍN und Mutter der Kühe bist du, o MORGENRÖTE, über das Lichte auch Herrscherin bist du.
3. Herrschaft zu suchen hat den Herrschaftbegehrenden, Ruhm den Ruhmbegehrenden, an (seine) Flur zu gehen *uns* die MORGENRÖTE geweckt.

AGNÍ sitzend vor Mutter ERDE und Vater HIMMEL

1. Herbei ist das Rind hier, das rötefarbene, geschritten (und) hat sich gesetzt, kühebegehrend, vor Mutter (Erde) und Vater (Himmel), auf dass es hervorgehe (als) Sonnenlicht.
[Rind: AGNÍ]
2. Möge der HIMMEL wachen auch über *uns* mit (seinen) beiden Lichtern, mit der Sonne und mit dem Mond!
3. Auf den niemals seiner Lebenskraft ermangelnden AGNÍ mögen die erhöhenden Worte mein sich ergießen, eines Kampfpreisbegehrenden!
4. Ihn, der im Besitz Leben wirkender geistiger Kraft, umhegen Lebenssäfte zur Stärkung seit der Vorzeit.
[Lebenssäfte: Wortnahrung]
5. Begießt dem lauter die Flamme, AGNÍ, den dahinstürmenden Boten, den uralten!
6. Welche (als) deine Zunge, freudespendende, o in ein goldenes Lichtgewand Gehüllter, bei den Göttern weithin wortet, mit der herbei alle die mit Opfergaben erquicken sich Lassenden zur Erquickung rufe dir!
[wortet: das Knistern des Feuers]

Des AGNÍ Stützpfeiler stehend in des ÁSURA Wohnstätte

1. Des lebenbegehrenden AGNÍ Stützpfeiler steht in des Höchsten, des ÁSURA, Wohnstätte, an der Pfade Ende auf sicheren Grundfesten.
[Stützpfeiler: Sonne]
2. Aus dem, der auch Milchkuh, PŔŚNI, aus dem Stier melkt alle Tage dessen reine Milch der SONNENGOTT.
[Stier: Sonne]
3. Zu jener seiner freudespendenden Bahn (dort oben) möchte ich gelangen, zu sehen begehrend den Versammlungsort, wo die götterliebenden Männer sich ergötzen.

ÍNDRA als Widder

1. Auf den wohlbekannten Widder, den vielgerufenen, den ÍNDRA mit erhöhenden Worten jauchzt, o ihr Sänger, (auf) des lichten Gutes Strom!
[des lichten Gutes: des Lichts/Regens]

2. ÍNDRA suchen zu betören zu betören Suchende verschiedenenorts; möchten *wir* wahrlich in *deiner* Botmäßigkeit sein, o du von Leben wirkendem Ingrimm!
3. Ihn machen alle unsere erquickungbegehrenden erhöhenden Worte schön, den Tropfen, für ÍNDRA zum Trinken.
[den Tropfen: Soma]
4. Deinen rötefarbenen Verbündeten, o du mit der Keule im Arm, sollen belecken, wie (ihren) Spross die Kuh, die Seher mit (ihren) Gedichten, den nahrungbegehrenden den nahrungbegehrenden!
[deinen rötefarbenen Verbündeten: den Somasaft; den nahrungbegehrenden: den Lieder begehrenden]
5. Hinweg wie Wägen, wie Rosse, ruhmbegehrende, schreiten die Somaströme zu Reichtum, die dahinstürmenden.
6. *Du* nur vermagst, wenn er trinkt, des ÍNDRA Bauch zu füllen, wirst des lebenbegehrenden Herz erquicken, andere Pflanzen werden seinen Geist nicht betören.

Eure Heilmittel, o ihr MARÚT, begehre ich

1. Welche auch immer von euch, o ihr MARÚT, mit rasch dahineilenden Rossen fuhren, Lobpreis um Lobpreis (Lobpreise) haben sie empfangen.
2. Welche eure Heilmittel, o ihr Nahrungbegehrenden, lichte (Heilmittel), die wohltuendste, die eine Wonne seiende, die MÁNUS sich erwählte, unser Vater, die und Wohlfahrt und Segensfülle des RUDRÁ begehre ich.
3. Fließen sollen die Tautropfen, strömen sollt ihr, o ihr Regen, auf der Erde Rücken zu Erquickung, zu Wonne der Vierfüßigen, der Menschenkinder!
4. Nicht uns am Nachwuchs, am leiblichen, o RUDRÁ, nicht uns am lebenbegehrenden (Selbst? Stammesgenossen?), nicht uns an den Kühen, nicht uns an den Rossen sollst schädigen du!
5. Wir haben *dir* eine Verbeugung gewortet, o du mit den Leben wirkenden Pfeilen, (wir) erquickungbegehrenden.

König VÁRUṆA wird uns freischlagen

1. (Prá śundhyúvam Váruṇāya préṣṭhām matím, Vásiṣṭha!, bhûraye bhárasva!) Vor das reine dem VÁRUṆA, das ihm am meisten Freude spendende Gedicht, o VÁSIṢṬHA, dem reichlich schenkenden, bring!
2. (Pári spáśas ní ásīdan Váruṇam, ná yám dípsanti dipsávas ná druhvâṇas jánānām.) Rings um VÁRUṆA haben (seine) Späher sich niedergesetzt, (um ihn,) den nicht zu betören suchen zu betören Suchende, nicht die Trugreichen unter den Geborenen.
3. (Pṛché âgas-me, Váruṇa!, didṛkṣús úpa-u émi dhîrān vi-pŕcham.) Ich frage mich nach meinem Unrecht, o VÁRUṆA, (es) zu sehen wünschend, und gehe zu den Denkmächtigen, sie auszufragen.
4. (Té ādityâsas urávas gabhīrâs ádabdhāsas dipsávas mánuḥṣu antár khyán vṛjinâs utá ṛjûs dhíyas.) Die Söhne der ÁDITI, die weiten, tiefen, unbetörbaren, zu betören suchenden erblicken in den Menschen die verdrehten und die geraden Gedanken.
5. (Tád idám cákṣas hṛdás-cid ví cáṣṭe: Yám áhvam, sás asmân râjā Váruṇas tṛṇát, yád-cid âgas ákaram.) Das erblickt selbst das Auge (meines) Herzens wahrlich: Den ich gerufen habe, der wird *uns*, König VÁRUṆA, freischlagen, was auch immer (als) Unrecht ich getan.

Von der kosmischen Ordnung geliebt

1. Ṛtám yás yân áśvam-iva gavyús, tám íd ṛtám vanóti.
[gavyús/kühebegehrender: die Strahlen der MORGENRÖTE begehrender]
2. Ṛtâya dhenû paramé dhukṣétām ghṛtám śúndhyu.
[dhenû paramé / zwei Milchkühe, höchste: Himmel und Erde; ghṛtám/Schmelzbutter: Wasser]

3. Yás pṛṇâti, úpa imám kṣáranti śravasyávas dhârās ghṛtásya viśvátas.
4. Devâsas prá náyanti devayúm ŕśim, yás dâśati.

Parvan 69

Mögen des HIMMELS Söhne, die Priester der Urzeit werden wir!

1. Möchten des Wortes Herrn, den PÚRUṢA, den ALLSCHAFFENDEN, zu erquicklicher Hilfe beim Wettkampf um die rötlichen Kühe heute wir herbeirufen, (den) kampfpreisbegehrende Sänger, den (als) Opfertier auf der Opferstreu fernhin besprengten die Götter!
2. Mögen durch jenes erquickliche Hilfe, des Wortes Herrn (erquickliche Hilfe), den Finsternisfels wir aufbrechen!
3. Die Burg wahrlich brachen auf unsere Väter durch Worte, den Finsternisfels, die Priester der Urzeit, indem sie brüllten; mögen des HIMMELS Söhne, die Priester der Urzeit werden *wir*!
4. BŔHAS PÁTI ließ sich die rötlichen Kühe herausströmen; mögen mit seiner erquicklichen Hilfe auch *wir* uns die Strahlen der MORGENRÖTE herausströmen lassen!

Möchten dem WASSERSOHN wir mit Opfergaben Seherdienst tun

1. Möchten dem WASSERSOHN, dem Seherfreund mit Opfergaben Seherdienst wir tun, mit Verbeugung, mit Opfergüssen!
2. Er hat befestigt die Erde und die Himmelin dort: Welchem Gott (sonst) sollten mit Opferguss wir dienen?
3. Nicht schließt die Augen der Rötefarbene Tag für Tag, sobald er geboren, der zu sehen begehrende; er ja (ist) durch seine Macht einziger König wahrlich all der Wesen, die (ihre) Augen schließen.

Zauberer vor des ÍNDRA Lichtwunder niedersinkend

1. Du ersiegtest die Kühe, ersiegtest die Strahlen der MORGENRÖTE, o tapferer Kämpfer, den Soma; herab ließest du strömen zu Flusse die sieben Ströme, die dahineilenden, die rasch dahineilenden.
2. Nieder vor deinem Lichtwunder sanken Zauberer, o ÍNDRA, zu betören suchende.
3. In *dich* strömen dem Herzen entquellende Worte, o ÍNDRA, *deine* Stärkungsmittel, die deine Lichtflut wachsen lassen, die dahinstürmende.
4. In das uralte Licht, das sein, in das freudespendende, sind eben jetzt rings eingegangen die freudespendenden fünf Völker.
5. *Du* brachst auf, o du von mannhaftem Geist, fernhin des PÍPRU Wolkenburgen, der dich ja herbeirief, auf dass er betöre *dich*.
6. Des ÍNDRA Ingrimm zerbricht Burgen, bricht auf Wolkenberge.
7. Die dahin, von todesträchtiger Macht getriebene, den VÁRUṆA schwinden machen: Nieder auf (solche) Unfreunde (deine) Waffe, o Stier, die stiermächtige schleudere!
8. Hinweg zerbrecht, o ÍNDRA (und) o SÓMA, die nicht inwendig Schauung halten, stoßt (sie) fort euch!

Mögen dies Loblied genießen die MARÚT, RUDRÁ, der WIND, der Flur Herr, Gott GEDEIHEN und Gott PFLUG!

1. Dieses Feuer, das, o ihr MARÚT, ein gemeinsam entzündetes, das genießt, o ihr Seher, o ihr Ruhmbegehrenden!
2. Nicht stoßen RODASÎ fort sich die dahinstürmenden, es genießen die (ihrer) Freundschaft Gedeihliche die Götter.
3. Seid gnädig uns, o ihr MARÚT, nicht tötet *uns*, die wir Opfer darbringen!

4. (Unsrer) Erquickung, der fußreichen, o RUDRÁ, sollst du gnädig sein!
5. Dir, dem Männerherrn, möchten durch Verbeugung wir Seherdienst tun, dem lobpreisbegehrenden, durch Dichterworte!
6. Dem WIND möchten mit Opferguss wir Seherdienst tun! Er, der im Zwischenraum auf Pfaden umherfliegt, geht nicht heim schlafen – welchen Tag auch immer.
7. Der Flur Herr soll uns gnädig sein, auf dass wir uns die Lebenszeit verlängern!
8. O (Gott) GEDEIHEN (und Gott) PFLUG, genießt dies Wort ihr beide!
9. Mögen genießen (dies) Loblied die MARÚT, RUDRÁ, der WIND, der Flur Herr! (Gott) GEDEIHEN (und Gott) PFLUG sollen (es) genießen!

Hervor die beiden Arme lasst fließen uns, o MITRÁ und o VÁRUṆA!

1. (Práti-vām, sûryas yad-â úd áit, vidhéma námobhis, Mítrā Váruṇā!, utá havírbhis!) Möchten euch beiden entgegen, sobald die Sonne aufgegangen, Seherdienst wir tun unter Verbeugungen, o MITRÁ (und) o VÁRUṆA, und unter Opfergüssen!
2. (Práti-vām suhávais Mitrám huvé Váruṇam pūtádakṣam.) Entgegen euch beiden mit Leben wirkenden Rufen rufe ich, dem MÍTRA, dem VÁRUṆA, der von geläuterter geistiger Kraft.
3. (Áva tmánā sr̥játam pínvatam dhíyas!) Herab durch (euren) Lebensgeist lasst strömen ihr beide, lasst schwellen die Gedanken!
4. (Prá bāhû sisr̥tám sú-nas â-nas gávyūtim ukṣátam devayúbhyas páyasā!) Hervor die beiden Arme lasst fließen ihr beide zu Leben uns, besprengt uns die kuherquickende Weide, götterliebenden, mit Nass!
5. (Â-nas, Mítrā Váruṇā!, ghr̥táis kṣétram ukṣátam!, yáthā áśvās-nas mádān.) Besprengt uns, o MITRÁ (und) o VÁRUṆA, mit Schmalzbuttergüssen die Flur, auf dass unsere Rosse sich (daran) ergötzen!
6. (Áva vr̥ṣṭím sr̥játam pínvatam síndhūn! yátra ághnyās-nas píbanti.) Herab den Regen lasst strömen ihr beide, lasst schwellen die Ströme, woraus unsere Kühe trinken!
7. (Rádat pathás Váruṇas sûryāya prá sr̥ját samudríyāṇi nadînām súkṣatras.) Es furcht Pfade VÁRUṆA für die Sonne, hervor lässt strömen er die ozeanischen (Fluten) der Flüsse (er,) der von Leben wirkender Herrschaft.
8. (Prá nâkam r̥ṣvám nudáte Váruṇas práthate-ca bhúvam.) Hervor das Himmelsgewölbe, das ragende, stößt VÁRUṆA und breitet aus die Erde.
[Varuna als Auseinanderstemmer]
9. (Mítra Váruṇa!, mr̥ḷátam!, yád-vas vayám ákarma kád-cid âgas; mâ dr̥ṣṭám!, yáu dr̥ṣṭám, yád-ca ní miṣáthas.) O MITRÁ, o VÁRUṆA, seid gnädig ihr beide, falls euch *wir* getan irgend Unrecht; beseht (es) nicht, die ihr zu sehen vermögt, auch wenn ihr die Augen schließt!
10. (Prá sû-nas âyus tirétam!) Mögt verlängern zu Leben uns die Lebenszeit ihr beide!
11. (Imám stómam sákratavas-me adyá Mitrás Aryamâ Váruṇas juṣánta śundhyávas ávr̥jinās áriṣṭās!) Dieses Loblied sollen, die von ein und derselben geistigen Kraft, MITRÁ, ARYAMÁN, VÁRUṆA mir heute genießen, die reinen, nichtverdrehten, ungeschädigten!

SAVITÁR den Göttern Unsterblichkeit hervorholend

1. Svastím huvé devám Savitâram námobhis ayâsam śrávase.
2. Devébhyas yájatrebhyas amŕtam suvási bhāgám paramám.
3. Asmân devás Savitâ avasyûn prá suváti nūnám dvipád āyú cátuṣpad ártham ityái.
4. Yéna, Sûrya!, jyótiṣā bâdhase támas víśvam-ca, yád îrte, úd r̥ṅkṣé bhānúnā, téna asmád ámīvām ápa suvá!
5. Sûryasya víśvā bhúvanāni ketúnā prá-ca îrate gavyûni ní-ca viśánte aktúbhis kr̥ṣṇébhis.

Parvan 70

Himmel und Erde Leben wirkenden Samen hervorbringend

1. Fernhin will unter Opfergaben Himmel und Erde, die geordnetes Weltall um geordnetes Weltall wachsen lassen, zwei große, lobsingen ich.
2. Leben wirkenden Samen hervorbringend (als) Vater (und Mutter) machen die Welt die beiden weit für das aus ihnen hervorgehende Geschlecht, gutes Werk wirkende, Wirker Leben wirkender Wunderwerke, ihrer Lebenskraft niemals ermangelnde.

[Leben wirkenden Samen: Sonnenstrahlen; für das aus ihnen hervorgehende Geschlecht: für alle Wesenheiten]

NACHT und MORGENRÖTE ungleichgewandete junge Frauen

1. Die über alles irdische lichte Gut Herrscherin du, o MORGENRÖTE, heute (und) hier, o Reicherin Leben wirkender Reichung, sollst weithin erstrahlen!
2. Seit der Urzeit umwandeln den Himmel, die Erde NACHT und MORGENRÖTE, zwei ungleichgewandete junge Frauen, durch ihnen eigene Kräfte, zwei von ein und demselben Geist seiende, von ein und derselben inneren Schau.
3. Wie eine Frau bist du, o Feuerfarbene, die (ihren) Mann begehrt (als) in schöne Prachtgewandung gehüllte.

Die beiden AŚVÍN befreiend von Furcht

1. Aus dem HIMMEL die ihr beide herabgeboren, o ihr beiden AŚVÍN, himmlische, mit Leben wirkenden Flügeln begabte, rasch dahineilende: Durch welche der Lebenskräfte seid ihr beide die Lebenskräftigsten?
2. Nicht den, o ihr zwei Könige, o ÁDITI, erlangt, von wo auch immer, Furcht, den, o ihr beiden AŚVÍN, o ihr zwei Leichterrufbaren, zu dem auf dem vordersten Wagen ihr beide macht – samt (seiner) Frau.

Des AGNÍ Aussehen das herrlichste bei den Sterblichen

1. *Du* wahrlich bist Leben wirkenden Werkes Wirker unter den Wesen, der Himmel (und) Erde, die wohlbekannten, zur Geburt du bringst, o AGNÍ!
2. Des AGNÍ, des Leben wirkende Reichung reichenden, Aussehen (ist) das herrlichste bei den Sterblichen.
3. *Du*, o Lobpreisbegehrender, bist aller (Dinge) Herr, o du von Leben wirkendem Antlitz!
4. *Dich*, o AGNÍ, haben die Söhne der ÁDITI zu (ihrem) Mund, *dich* zur Zunge die reinen sich gemacht, o Seher!
5. Alle Götter gehen (als) der einen geistigen Kraft von allen Seiten zu AGNÍ, auf dass von ein und demselben Geist, von ein und derselben inneren Schau (Seiende) sie würden.
6. Aus (dem, der) auch Milchkuh, PŔŚNI, aus dem (Himmels)stier RUDRÁ, der Leben wirkenden Samen bereithält, melkt alle Tage dessen lichtreiche Milch AGNÍ, der lebenbegehrende, kuhbegehrende.

[Aus (dem, der) auch Milchkuh, PŔŚNI, aus dem (Himmels)stier RUDRÁ: die Sonne zugleich RUDRÁ und PŔŚNI; Leben wirkender Same: die Sonnenstrahlen; AGNÍ: AGNÍ als Sonnengott]

7. Dahin, o Reiner, sollen schwinden deine mit Leben wirkenden Flügeln begabten Flammen durch der Seher Kräfte nun, auf dass sie Blitze werden, dahinstürmende! Als schwarzer Stier sollst du brüllen inmitten deiner Nachkommenschaft, der glänzenden! Als Bulle soll (seinen) Samen setzen in die Pflanzen PARJÁNYA!
8. Der mit Leben wirkenden Flügeln begabte soll zu mit Leben geschmückten meine erhöhenden Worte machen!

[zu mit Leben geschmückten: zu durch Regen belohnten]

Auf schlägt die Augen nun der SONNENGOTT

1. Diese erhöhenden Worte erwecken zu Leben SAVITÁR, dessen Zunge Leben wirkt, den goldhändigen, der Leben wirkende Gnade bereithält, den zu sehen begehrenden.
2. Wie die Kühe ins Dorf, wie die Kuh zum Kalb, die von Leben wirkendem Geist, wie der Mann zur Frau: So soll zu uns herabfahren SAVITÁR, der Leben wirkende Gabe bereithält, den Zwischenraum erfüllt!
[Leben wirkende Gabe: die Sonnenstrahlen]
3. Auf schlägt die Augen nun, der Leben wirkende Reichung reicht, der SONNENGOTT, das Auge des MITRÁ, des VÁRUṆA.
4. Die mit Leben wirkenden Flügeln begabten Stuten des SONNENGOTTES, dessen Auge überall ist, vertreiben vom Pfad den Wolf, den zu betören suchenden, der die dahineilenden Wasser durchfährt.
5. (Er,) dessen Auge überall und Mund überall, Arme überall, Füße überall schweißt mit beiden Armen zusammen, zusammen Himmel und Erde (als) Schmied.

O ÍNDRA und o SÓMA, schleudert eure Waffe auf die Bösesredner!

1. O ÍNDRA (und) o SÓMA, schleudert ihr beide vom Himmel (eure) Waffe gemeinsam, von der Erde auf die Bösesredner, auf VṚTRÁ!
2. Viele Morgenröten und Erntezeiten hindurch hast du, nachdem VṚTRÁ im Rausch du erschlagen, den zu Tode berauschten, den Finsternisfels aufgebrochen, strömen lassen weithin die Ströme; lass strömen auch heute die Wasser, auf dass die Sonne aufgeht!
3. Seit der Urzeit Bewohner desselben Nestes, o ihr Flüsse, o ihr Treuen, wacht ihr, unverwehbare, über die Gebote des ÍNDRA, unsterbliche durch die Kräfte des Wirkers Leben wirkender Wunderwerke.
4. Es hat aufgeschlossen mit (seinem) Licht Himmel und Erde, zwei Bewohnerinnen desselben Nestes (er,) der seiner Lebenskraft niemals ermangelnde, der aus des PÚRUṢA Mund geboren, der den Somasaft trinkt verschiedenenorts, den rötefarbenen – durch die (ihn) erhöhenden Worte mein.

Fort fliegen meine ingrimmlösenden Rufe

1. (Â tvám, yás ácet, prámahasā devâ hávasva sūktáis, márta!, riśâdasā!) Herbei *du*, der (sie) erschaut hat, die beiden vor anderen mächtigen Götter rufe dir mit Leben wirkenden Worten, o Sterblicher, des Dämons RUPFER Vertilger!
2. (Ayám Mitrás namasías yájatras suśévas râjā sukṣatrás ájaniṣṭa vedhâs.) Er selbst, MITRÁ, der mit Verbeugung zu ehrende, der mit Opfergaben erquicken sich lassende, der zu Leben liebe, ein König, der Leben wirkende Herrschaft ausübt, ist geboren worden, der Seher.
3. (Ayám utá bándhus putráu Dákṣasya suprácetasau iṣás vâstu ádhi kṣitás.) Er und (sein) Verbündeter, die beiden Söhne des DÁKṢA, die beiden zu Leben aufmerksamen bewohnen des Lebenssaftes Wohnstätte.
[des Lebenssaftes Wohnstätte: die Sonne]
4. (Mitrâ sthás, Sûryasya ráthena rathíā ná yáu pátathas tánā, Váruṇa!, yás-ca sukrátus, Mítra!) Zwei Freunde seid ihr, die mit des SONNENGOTTES Wagen wie zwei Wagenrosse ihr dahinschießt in lückenloser Geschlossenheit, o VÁRUṆA und, der (du) von Leben wirkender geistiger Kraft, o MITRÁ!
5. (Â-nas, súdānū!, ukṣátam ghṛténa, yád ádhīthām Dyúbhyām Pṛthivîbhyām sávratābhyām, gávyūtim!) Besprengt uns, o ihr beiden Spender Leben wirkenden Himmelstaus, mit Schmelzbutter, die ihr empfangen durch HIMMEL (und) ERDE, (euch) gemeinsam botmäßige, die kuherquickende Weide!

6. (Kadâ ahám ŕṣis táva devayús, âgas yás ákaram, mṛḷīkám-te sumánās abhí khyám?) Wann werde *ich*, der Sänger *dein*, der götterliebende, der Unrecht ich getan, auf deine Gnade mit von Leben erfülltem Geist blicken?
7. (Párā hí pátanti nímanyūni-me hávā vásya'iṣṭaye váyas ná nīḷân úpa.) Fort ja fliegen meine ingrimmlösenden Rufe, Lichteres zu suchen – wie Vögel ihren Nestern zu.
8. (Tád kétas hṛdás ví cáṣṭe ayám: Yám áhvam, sás asmân râjā Váruṇas tṛṇádat.) Das erblickt das innere Auge (meines) Herzens selbst: Den ich gerufen habe, der wird *uns*, König VÁRUṆA, freischlagen.
9. (Abhrātáras ná jánayas durévās aghâs anṛtâs asatyâs, prá yé nudánti sákhīn prá yé minánti Váruṇasya vratâni.) Wie bruderlose Weiber, von todesträchtiger Macht getriebene, böse, sich nicht in die kosmische Ordnung fügende, unwahrhaftige (sind diejenigen), die Freunde verstoßen, die dahinschwinden machen des VÁRUṆA Gebote.
10. (Tám aghám íd aśnávat duḥśáṃsam mártam.) Den zu Tod redenden Sterblichen wird Böses wahrlich erlangen.
11. (Ná dábhes asmân vājayûn! Táva vraté subhágāsas syâma!, Váruṇa!) Möchtest du nicht *uns* betören, kampfpreisbegehrende! Möchten in *deiner* Botmäßigkeit Leben wirkende Reichung erreichende sein wir, o VÁRUṆA!

Die MARÚT und RODASÎ, die von stierhaftem Geist

1. Áśvās-iva íd aruṣâsas, sākám yé ájananta, sábandhavas sthá, Márutas!
2. Vívakmi, yád Rodasî pátnī-vas vŕṣamaṇās jánīs váhate, yâs-vas vṛṣṭîs pṛṇánti, subhāgâs.
3. Pínveta apás-nas ukṣéta-nas jánīnām páyasā!, yé yuṣmábhyam vidhâmas, Márutas súdānavas!
4. Mṛḷáta-nas!, súbhagās!, mâ nudáta-nas gavyûn avasyûn!

Parvan 71

Zur Spur der MORGENRÖTE durch WORTUNG

1. Du fragst, durch wessen geistige Kraft zur Spur der MORGENRÖTE gelangten die Seher, die früheren, die kuhbegehrenden.
2. Durch der WORTUNG geistige Kraft gelangten zur Spur der MORGENRÖTE die früheren Seher: Durch sie (als) Führerin fanden sie der Kühe dreimal sieben Namen und sie schmückten, deren Zunge Leben wirkt, die WORTUNG mit Leben wirkenden Worten in vielfältiger Weise, über wirkmächtige Dichterworte gebietende.
3. Ihr fragt, auf welchem Pfad die Seher, die früheren, zur Spur der WORTUNG gelangten, die erquickungbegehrenden.
4. Auf dem Pfad des Opfers gelangten die früheren Seher zur Spur der WORTUNG, die von Leben wirkendem Geist, die von Leben wirkenden Gaben.
5. Die freudespendenden Dinge auf dass ich packe, auf dass ich schmücke mit der MORGENRÖTE schönen Gaben den Himmel, suche ich auch gemeinsam zu sehen die Priester der Urzeit selber, die von ein und derselben inneren Schau, die von ein und demselben Geist.
[die freudespendenden Dinge: die Strahlen der MORGENRÖTE]

Wiederum sollen vor uns erstrahlen die Strahlen der MORGENRÖTE die uralten!

1. Die du hütest die kosmische Ordnung, in der kosmischen Ordnung geboren wurdest, die du fernhältst die Hassmacht, schöne Gaben in Bewegung setzt: Hier (und) heute, o MORGENRÖTE, erstrahl!
2. Wiederum sollen vor uns die reichlichen erstrahlen, die Strahlen der MORGENRÖTE nun, die uralten!

3. Des SONNENGOTTES Stuten, die dahinstürmenden, spannten aus die Seher gestern zur Zeit des Abenddunkels; es spannte aus wer mit raschen Rossen fuhr.
4. Das Ross wieder hat sich gespannt unters Joch, wer gestern ausspannte, eben jetzt sind erstrahlt die rötlichen Kühe wieder: Zehn (mal) hundert Milchkühe sind gemeinsam hervorgetreten von allen Seiten; dies eine der Götter herrlichstes (ihrer) Lichtwunder habe ich erblickt.
[Milchkühe: Strahlen der MORGENRÖTE]
5. Hinwegstrahlen soll die Reicherin Leben wirkender Reichung, welche beide ein Paar bilden, die zwei KIMĪDÍN, die von todesträchtiger Macht getriebenen, bösen!
6. Dass, o MORGENRÖTE, als erstes *du* erstrahlt bist, dass weithin du reinwischst den Lichtraum in der Frühe: Das (ist) *deine*, einer Großen, große von ÁSURA empfangene Macht, die einzigartige.

Der gewitzte König VÁRUṆA emporstreben lassend die Sonnenschaukel

1. Der gewitzte König VÁRUṆA hat emporstreben lassen die Schaukel dort, die goldene, auf dass sie prunke wahrlich am Himmel für die Gottliebenden.
2. Und Herren seid ihr der Regengüsse, o MÍTRA (und o VÁRUṆA); welches Nass in den Himmel ihr geschafft habt, mit dem begießt die Erde hier PARJÁNYA.
3. Komm her, o PARJÁNYA, o zu Leben Lieber, der die Wasser du herabgießt (als) lebendiger Gott, unser Vater!
4. Euer beider (Himmels)strom wahrlich, o VÁRUṆA, hat begossen der beiden AŚVÍN Rosse, hat besprengt die Pflanzen mit Schmelzbutter, die ungleichgewandeten, deren König SÓMA (ist).
5. Das erblickt selbst das innere Auge (meines) Herzens wahrlich: Den ich gerufen mir habe, der möge uns, König VÁRUṆA, befreien, die todesträchtige Reichung wir (sonst) empfangen!
6. Ich frage mich nach dem Unrecht, o VÁRUṆA, (es) zu sehen wünschend, und bin gegangen zu denen, die von ein und derselben inneren Schau, von ein und demselben Geist, (sie) auszufragen, die Seher; niemand wahrlich hat erkannt mein Unrecht, der Seherdienst ich tue.
7. Die VÁRUṆA wachsen lässt durch Regen, der Spender Leben wirkenden Himmelstaus, die sollen uns befreien von Unheilsmacht, die Pflanzen!

Die prunkenden MARÚT Zauberer zerschmetternd

1. (Pururûpās sukrátavas citrâs śukrébhis piṃśánte añjíbhis hiraṇyáyais Pŕśnes putrâs.) Die gekleidet in viele Lichtgewänder, die von Leben wirkender geistiger Kraft, feuerfarbenprächtige schmücken sich mit flammenden Schmuckstücken, goldenen, der PŔŚNI Söhne.
2. (Vákṣaḥsu péśāṃsi hiraṇyáyāni áyatanta Marútas, yáthā-eṣām yáśasā śumbhéran subhāgâsas.) Auf (ihre) Brüste haben Schmuckstücke, goldene, sich aufgereiht die MARÚT, auf dass sie durch deren Glanz prunken, Reicher Leben wirkenden Anteils.
3. (Prá yé śumbhánte jánayas ná, Rudrásya putrâs sudáṃsasas ródasī várdheyur apás áva sr̥jéyur sábandhavas!) Möchten, die hervorprunken wie Frauen, des RUDRÁ Söhne, Wirker Leben wirkender Wunderwerke, Himmel-und-Erde bringen zum Gedeihen, Wasser herab strömen lassen, (sie,) die gemeinsame Verwandte haben!
4. (Icháta rakṣásas antárikṣe!, Márutas!, yád śr̥ṇâtha, vindáta dipsúm!, yáthā nudâtha.) Sucht die Zauberer im Zwischenraum, o ihr MARÚT, auf dass ihr (sie) zerschmettert, findet den zu betören Suchenden, auf dass ihr (ihn) fortstoßt!

ÍNDRA ohne Verbündeten

1. Tvám ási abandhús, Índra!, jánimnā sanâd.
2. Nû-cid arím sakhyâya vindáse, súmada!
3. Ājyâ íd icháse yújas, vŕtrahan!, śrávase vâjāya.
4. Índram-cid pr̥chánti: Kúha sás, íti – ghorám – utá āhúr: Ná eṣás ásti, íti.
5. Śraddhâm râsva-nas, prámahas! Śraddháyā vindáte vásu.

Parvan 72

Die beiden AŚVÍN den toten REBHÁ lebendig machend

1. Die beiden AŚVÍN, zwei Stiere, sollen zu Leben mein Gedicht sich melken!
2. *Ihr* beide wahrlich habt den REBHÁ, o ihr, die ihr ein Paar bildet, der in der Wasser Dunkel lag, heraufgeführt, den gestorbenen, o ihr beiden Kuhhüter!
3. *Ihr* beide gabt das flammende Ross dem PEDÚ, o ihr beiden AŚVÍN, das mit neun Kampfpreisen und neunzig siegreiche, das wie den BHÁGA die Männer herbeirufen sich sollen, das eine Wonne ist.
4. Ihr beide ließt schwellen dem ŚAYÚ die Milchkuh, o ihr beiden, die ihr von ein und derselben inneren Schau!
5. Dies Loblied haben für euch beide, o ihr beiden, die ihr von ein und demselben Geist, gemacht wir; wir haben (es) gebildet wie die ṚBHÚ (euren) Wagen.
6. Glänzenden Anteil verschafft uns, o ihr beiden AŚVÍN!

Die MORGENRÖTE Mutter der Kühe, Seherfreundin der AŚVÍN

1. Wie eine Stute, eine feuerfarbenprächtige, feuerfarbene ist die Mutter der Kühe, die Seherfreundin der beiden AŚVÍN, erschienen, die MORGENRÖTE.
2. Und Seherfreundin bist du den beiden AŚVÍN und Mutter den Kühen bist du und, o MORGENRÖTE, über das Lichte Herrscherin bist du.
3. Hinwegstrahlen soll die MORGENRÖTE, welche beide ein Paar bilden, die beiden KIMĪDÍN!

Des AGNÍ siegreiches Antlitz im Temenos leuchtend

1. Sieben Freudespendende, wirkmächtigen Denkens Mächtige sind geboren worden dem Stier, auf dass sie zur Erscheinung bringen auf der Seheropferstätte den Goldhaarigen.
2. Der wirkmächtigen Denkens Mächtigen Finger, Schwestern, die den Stier beleben (zu Leben erwecken), erkennen unter Verbeugungen (ihren) Spross in ihm, sobald er erschienen in eigener Person (im Selbst).
3. Dieses Stieres, den zu Herrlichkeit sich entzünden Seher, die von Leben wirkendem Geist, des lichten, siegreichen Antlitz: Im Temenos leuchtet es.
4. Möget die beiden wirkmächtigen Denkens Mächtigen auch ehren ihr, die beiden Großen, die beiden ein Paar Bildenden! Tag für Tag vereinigen sich die beiden (setzen die beiden sich zusammen), auf dass im Dunkel (ihres) Schoßes sie (ihren) Spross bilden, wachsen lassen, zur Geburt bringen im Osten, den Stier.
[die beiden ein Paar Bildenden: Himmel und Erde; den Stier: die aus AGNÍ hervorgegangene Sonnenscheibe]
5. Der große Wesensausdruck wahrlich des Bullen, des ÁSURA (ist) der Siegreiche nun.
6. Himmel (und) Erde scheinen auf nun durch der kampfpreisbegehrenden Seher erstrahlende Worte, durch (ihren) Spross, den Bullen, der auseinanderstößt die beiden großen mit (seinen) Kräften.
7. Der Bulle, der dahineilt gleichsam von selbst (durch sein Selbst), ist zugewachsen auf die beiden als Sonnenlicht, auf Himmel-und-Erde, Bewohner desselben Nestes, durch (seinen) Lebensgeist.
8. Der du wandelst um die Erde, o Kuhhüter, als PŪṢÁN, hüte uns *du*, die Seherdienst wir tun, nun durch deinen Lebensgeist!
9. Verkünden uns sollst dem MITRÁ, dem VÁRUṆA du als frei von Unrecht, dem ARYAMÁN und AGNÍ, o SONNENGOTT, o du von Leben wirkendem Antlitz!
10. *Du*, dessen Auge überall und Mund überall, Arme überall, Füße überall schweißt zusammen mit beiden Armen, zusammen Himmel (und) Erde (als) Schmied.

11. Zu dir, o AGNÍ, bringen wir, wirkmächtigen Denkens mächtige, somaselige, in Gestalt (dieses) erstrahlenden Wortes (durch [dieses] erstrahlende Wort) Opferguss, den mit dem Herzen wir gebildet: Er soll dir Bullen sein!

Mit deinen Stieren, o Stier der Völker, o ÍNDRA, fahre zu uns!

1. Mit (deinen) beiden Stieren, o Stier der Völker, fahre zu uns, auf dass ich deine Taten verkünde, die du getan als erste als keulenbewehrter, o Leben wirkender Werke Wirker!
2. *Du*, o Siegreicher, bliesest mit wirkmächtigen Gedanken hinweg wirkmächtigen Denkens Mächtige.
3. *Dich*, o Keulenbewehrter, erwählen sich alle Götter, die leichterrufbaren, als einzigen wahrlich zur Erschlagung des VṚTRÁ.
4. Nachdem (als) Bulle, o ÍNDRA, du hattest erschlagen den Erstgeborenen der Schlangen, da sogleich machtest schwinden dahin du der wirkmächtigen Denkens Mächtigen Täuschungsmanöver auch.
5. Die dahin, von todesträchtiger Macht getrieben, den VÁRUṆA schwinden machen: Nieder auf (solche) bösen Unfreunde (deine) tötende Waffe, o Keulenbewehrter, o Stier, die stiermächtige schleudere!
6. Oh dass wie Vögel von Leben wirkendem Ruf, von Leben wirkender Zunge, dem ÍNDRA meine erstrahlenden Worte zujauchzen, dem somaseligen!
7. Dieses zu Leben gedrechselte Lied, dieses dem Herzen entquellende Wort, dieses erstrahlende Wort ist für den Keulenbewehrten gemacht worden, den durch Bullen ehren wirkmächtigen Denkens Mächtige.
8. Geistige Kraft setzt in den Somaseligen ÍNDRA, Lebenskraft reicht er ihm dar.

Wie Berge fresst ab ihr die Bäume, o ihr MARÚT!

1. Den Stieren, den seherischen, o NODHÁS, trag (dies) zu Leben gedrechselte Lied vor, den MARÚT, den siegreichen!
2. Die Mannen sollen sich vorspannen die getupften weiblichen Zugtiere kraft (ihres) Lebensgeistes, auf dass sie prunken!
3. Möchten herbei nun zu Leben die Stiere, die sich mit Opfergaben erquicken lassen, wir rufen uns, die feuerfarbenprächtige Kampfpreise bereithalten!
4. Der Götter wahrlich Erquickung, die große, die wünschen uns herbei *wir*, der Stiere (Erquickung) für *uns* zu Erquickung.
5. Büffel, wirkmächtigen Denkens mächtige, mit feuerfarbenprächtigen Strahlen geschmückte, wie Berge selbststarke, fresst (ab) ihr die Bäume, sobald an die feuerfarbenen Stuten (eure) Kräfte gespannt ihr habt.
6. Die Herren der RODASÎ, die als Blitzin in der Gewitterwolke, eine wirkmächtigen Denkens mächtige, (die Herren,) die eine Wonne sind: (Die) lobe dir, o NODHÁS, Leben wirkende Gabe bereithaltende Mannen!
7. Hervor lasst quellen gemeinsam mit PŪṢÁN, o ihr, die ihr Leben wirkenden Samen hervorbringt, des zeugungsmächtigen Hengstes Ströme, besprengt die Fluren, begießt die Pflanzen!
[des zeugungsmächtigen Hengstes: des PARJÁNYA?]
8. (Mir) selbst (und meinem) Nachwuchs, dem leiblichen, sollst gnädig du sein, o RUDRÁ!

Umhegt von VÁRUṆA, MITRÁ, ARYAMÁN niemals betört von einem zu betören Suchenden

1. Dieses Loblied sollen, die von ein und derselben geistigen Kraft, mir heute, MITRÁ, ARYAMÁN, VÁRUṆA genießen, die reinen, nichtverdrehten, nichtnichtzulobenden, ungeschädigten!

2. Den ARYAMÁN, den BHÁGA, die beiden unbetrügbaren Söhne der ÁDITI, will ich mir herbeirufen, die lauteren, die Stiere.
3. Herab durch (euren) Lebensgeist lasst strömen ihr beide, lasst schwellen die Gedanken!
4. Mächtig soll der drei Götter Erquickung sein, des MITRÁ, des ARYAMÁN, des zu Leben lieben, des VÁRUṆA!
5. Gutganbar ja, o ARYAMÁN, o MITRÁ, ist euer Pfad, dornenlos, o VÁRUṆA, gerade.
6. Wer umhegt wird von VÁRUṆA, MITRÁ, ARYAMÁN, den zu Leben aufmerksamen, den vor anderen mächtigen, niemals betört solchen Geborenen ein zu betören Suchender.
7. O Götter, seid Stärke zuführende!

Des PŪṢÁN goldene Nachen

1. (Yâs-te, Pûṣan!, nâvas antár samudré hiranyáyīs antár víomani cáranti.) Die dein, o PŪṢÁN, die Nachen, die goldenen, wandeln inmitten des (Himmels)ozeans, inmitten des Himmelsgewebes.
2. (Pūṣâ subándhus divás pṛthivyâs, tavásam yám devâsas ádadur Sūryâyai, surátnas.) PŪṢÁN, der zu Leben Verbündete aus HIMMEL und ERDE, (er,) den (als) mächtigen die Götter gaben der SŪRYÂ, hält Leben wirkende Gabe bereit ([ist] ein Leben wirkende Gabe bereithaltender).

Ich frage dich nach der Wortung höchstem Gewebe

1. Pṛchâmi-tvā vŕṣṇas áśvasya rétas pṛchâmi vācás paramám víoma.
2. Ayám sómas vŕṣṇas áśvasya rétas, brahmâ somî ayám vācás paramám víoma.

Der zu Tode Redende: Vergehen wird er wie Wasser

1. Ná minánta tâ vratâ devânām māyíbhis svápobhis prathamâ dhruvâṇi.
2. Suśáṃsas sukŕt mártas rátnam vásu víśvam tokám utá tmánā áchā gáchati; duḥśáṃsas áyat âpas-iva.

Parvan 73

Im Anfang

1. Was nicht war, das Eine wurde durch der Schmerzensglut Macht geboren, wurde vieles (viele Dinge), erstrahlte.
2. Aus dem Nabel des PÚRUṢA wurde der Zwischenraum, aus (seinem) Haupt ballte der Himmel sich zusammen.
3. Als die Erde zur Geburt brachte der ALLSCHAFFENDE, schloss das Himmelsgewebe er auf in (seiner) Größe, (er,) der gerichtet auf alles sein Auge, der zu Leben aufmerksame.
[schloss das Himmelsgewebe er auf: machte den Himmel er sichtbar]

AGNÍ von MĀTARÍŚVAN in der Urzeit zu den Menschen geführt

1. Der dahingeeilt war wie von selbst, AGNÍ, der die Wasser hatte bestiegen, den führte in der Urzeit (hier)her MĀTARÍŚVAN, aus der Ferne, von den Göttern, zu uns; *ich* will führen zur Opferstreu den Seherfreund.
2. Dort liegt er jetzt, auf der Seheropferstätte, der (allen) gemeinsame König, der Mann, der Leben wirkenden Anteil empfängt.
3. *Du* bist Priester, o AGNÍ, Hausherr in unserem Temenos.
4. Zu *dir*, o AGNÍ, ins Temenos streben von allen Seiten, zum Sippenherrn, die Sippenglieder, zu *dir*, dem König.

5. Der mit innerem Auge du erschaut hast, o AGNÍ, die Wege des SONNENGOTTES, Bote bist du geworden, Opfergussfahrer, durch *deinen* Mund nur trinken die Götter die Schmelzbutter, die Stärke zuführende.
6. *Du* sollst aus den Wassern, *du* aus dem Ozeanstein geboren werden, o AGNÍ, o SONNENGOTT, (als) der Erde Haupt sollst du erscheinen!
7. Das Sonnenlicht, das im Ozeanstein, möge zu mir, das Lichtwunder, auf dass ich es sehe, VÁRUṆA führen, der wirkmächtigen Denkens mächtige!
8. Auf der Erde, o alles Geborenen Gewahrer, Haupt hast du dich gestellt, o Lebensgeist aller Wesen, zusammen mit dem Lichtraum.
9. (Deine) Freigebigkeit, o SAVITÁR, schließt auf du für die Menschenkinder, o Spender Leben wirkender Gaben!

Die MORGENRÖTE als Kurtisane

1. BŔHAS PÁTI machte auseinander den Finsternisstein, die Kühe des VALÁ brachte er hervor aus dem Finsternisstein, die Strahlen der MORGENRÖTE.
2. Deren Mutter ist offenbar geworden: wie eine Bruderlose geht sie zu Männern; wie eine Frau in schöner Prachtgewandung, die einen Mann begehrt, prunkt sie hervor.
3. Ich frage mich, wo der MORGENRÖTE Verwandte nun (ist), die schwarze.
4. Derselbe Weg ist beider Schwestern, der beiden ungleichgewandeten, der endlose; den wandeln beide, die eine, die andere; die rötliche Kuh wird sein, wo die Nacht jetzt (ist).

Wie ein Stein sollst mit Ingrimm du durchbohren meine Unfreunde

1. Wenn, ÍNDRA, du dich ergötzt im eigenen Haus, wenn bei einem Priester, einem König, o du, der du dich von Opfergaben erquicken lässt, sollst von dort, o Keulenbewehrter, herbeifahren zu uns *du*, der zwischen zwei Steinen Feuer zur Geburt zu bringen du vermagst.
2. Als gebildet dir hatte ÚŚÁNĀ mit Kraft die Kraft, auseinander Himmel-und-Erde mit Kraft drängte (da) deine Kraft, die ein Paar bildenden, die Bewohnerinnen desselben Nestes.
3. Mit Macht spaltetest des mächtigen ARBUDÁ Haupt du.
4. Deine Keule, o ÍNDRA, spaltete des VṚTRÁ Haupt im Rausch des Somasaftes mit Stärke.
5. Wie ein Stein, der vom Himmel geschleudert wurde, sollst mit (deinem) Ingrimm durchbohren du (meine) Unfreunde, o ÍNDRA!
6. O ÍNDRA, erschlag den Mann, den Verfolgungsgeistansetzer, und (seine) Frau!
7. Den ṚJÍŚVAN erquicktest du in den Schlachten zur Erschlagung von Zauberern – so sollst auch *mich* du erquicken, deinen Priester, den somaseligen!

Ihr habt den König dem Volk zur Geburt gebracht, o ihr MARÚT!

1. *Ihr* habt den König dem Volk zur Geburt gebracht, den von Leben wirkendem Antlitz, o ihr, die durch Opfergaben ihr erquicken euch lasst, habt Größe erlangt, die im Himmel ihr euch verschafftet einen Sitz.
[den König: die Sonne]
2. Die gekleidet in viele Lichtgewänder, die von Leben wirkender geistiger Kraft, feuerfarbenprächtige schmücken sich mit flammenden Schmuckstücken, goldenen, der PŔŚNI Söhne.
3. Rufe dir herbei, o Sänger, der MARÚT Schar durch Freigebigkeit, durch ein erstrahlend Wort wie einen Freund eine junge Frau! Mögest mit Freigebigkeit umhegt du werden durch (sie,) die sonnenlichtigen!
4. Ich habe verkündet sie, welche ihre, der MARÚT, Herrlichkeit, die lebendigsichtbare, ist.

Ihr beide wacht über die Erde und über das Himmelsgewebe, o MITRÁ und o VÁRUṆA!

1. (Rákṣathas kṣâmam utá víoma, Mítra râjānā Váruṇa!, majmábhis-vām yâ ádarśi.) Ihr beide wacht über die Erde und über das Himmelsgewebe, o MITRÁ, o ihr beiden Könige, o VÁRUṆA, die durch euer beider Kräfte erschienen ist.
2. (Yuvám kṣatrám bibhr̥thás sthás râjānā víśveṣām, yé-ca devâs yé-ca mártās.) Ihr beide tragt die Herrschaft, seid Könige aller – und (derer,) die Götter und (derer,) die Sterbliche.
3. (Ádarśam râjños vraté Gandharvân-cid vāyúkeśān tridivé.) Ich sah in der beiden Könige Botmäßigkeit die GANDHARVÁ gar, die windhaarbegabten, im dreifachgeschichteten Himmel.
4. (Tád ayám kétas hr̥dás-u ví cáṣṭe: Yám áhvam, sás asmân, âgas yé ákarma, râjā Váruṇas muñcátu!) Das erblickt selbst das innere Auge (meines) Herzens wahrlich: Den ich gerufen habe, der soll *uns*, die Unrecht wir getan, König VÁRUṆA, befreien!
5. (Mâ-u sú, Váruṇa!, mr̥nmáyam gr̥hám, râjan!, ahám gámam!) Nicht wahrlich, zu Leben (nicht), o VÁRUṆA, will in das aus Erde gebaute Haus, o König, gelangen *ich*.
6. (Úd śúṣmās táva îrata!, vâjam yé sanávan-me ātmânam máma, Váruṇa!) Empor sollen die Schnaubestärken *dein* sich regen, die den Kampfpreis mir erlangen werden, den Lebensgeist *mein*, o VÁRUṆA!
7. (Ná-u gr̥hé ná ádhvasu ārásya îśe téṣām aghásaṃsas, yé śárman Váruṇasya.) Nicht wahrlich im Haus, nicht auf Wegen der Ferne ist Herr derer der Bösesredner, die unter dem Schutzschild des VÁRUṆA.
8. (Ví duṣpathás ví dvíṣas ví bhiyásam ghnánti râjānas Mitrás Váruṇas Aryamâ sukŕ̥dbhyas mahinâ prámahasas.) Auseinander todesträchtige Pfade, auseinander Hassmächte, auseinander Furcht schlagen die Könige, MITRÁ, VÁRUṆA, ARYAMÁN, vor den zu Leben Tätigen durch (ihre) Macht, die vor anderen mächtigen.
9. (Imâs gíras nímanyūs ādityébhyas sanâd râjabhyas jihváyā juhómi, yé mūrdhânas viśâm sváyaśasas vratâ rákṣatha adrúhas devâs.) Diese erhöhenden Worte, ingrimmlösende, ergieße ich den Söhnen der ÁDITI, den Königen seit der Urzeit mit der Zunge, die, Häupter der Menschenstämme, in eigenem Glanz erstrahlend über die Gebote ihr wacht, unbetrügbare Götter.

Der Wind als Lebensgeist der Götter, als der Welt Keim

1. Vâtasya nú mahimânam stóṣāṇi!
2. Vâtas îrte majmánā cyāváyati vr̥kṣân párijmani párvatam utá púras ramṇītá púnar.
3. Abhrásya páyas śáye bāhvós-te; téna úpa siñcés devayûn!
4. Ātmâ devânām bhúvanasya gárbhas cárati devás eṣás.
5. Mānavásya ātmâ bahuprajâs éti-cid; ātmáne táva íd, vâta!, devâs áyāṃsur amŕ̥tam.

Parvan 74

Woraus alles geboren wurde

1. Du fragst, woraus das Nichtseiende, das eine, woraus das Viele, woraus das Kleine, das Große, die Götter geboren.
2. Das Nichtseiende wurde durch der Schmerzensglut Macht geboren, das eine.
3. Aus der Schmerzensglut wurde die Nacht geboren, daraus der Ozean.
4. Aus dem Ozean wurde das Jahr geboren.
[das Jahr: die Sonne, durch deren Umlauf das Jahr entsteht]
5. Und das geordnete Weltall und (alles) Lebendigsichtbare wurde aus Schmerzensglut geboren.
6. Die Verse sind geboren worden, die vielen, aus PÚRUṢA, dem einen, der Opferspruch wurde aus ihm geboren.

7. Aus PÚRUṢA wurden die Rosse geboren.
8. Aus ÁDITI wurde DÁKṢA geboren und aus DÁKṢA ÁDITI.
9. Nach ÁDITI wurden geboren die Götter, die lichtvollen Unsterblichkeitsbündner.
10. Aus des PÚRUṢA Mund und ÍNDRA und AGNÍ, aus (seinem) Atem wurde der WIND geboren.

Die Väter das Himmelsgewebe webend

1. Es webten das Himmelsgewebe (unsere) Väter, die zusammengekommen waren nachts: „Webe vor, webe zurück (weg)!", so sprechend saßen sie beim Kettfaden, dem aufgezogenen.
2. Mit den Gestirnen wahrlich schmückten die Väter den Himmel – kraft erstrahlender Lieder.
3. Erdenken will *ich* des Vaters, des Himmels, des unbetrügbaren, Lebensgeist jetzt, den Geist der Mutter, den mächtigen, selbststarken, will weben das Himmelsgewebe, das die Väter webten.
4. (Als) Söhne von euch beiden, Leben wirkendes Werk wirkende Seher, Wirker Leben wirkender Wunderwerke haben (euch,) die beiden Großen wir uns erdacht, (unsere) Mutter (Erde und unseren Vater Himmel), haben wir gewebt (euch,) die beiden ein Paar bildenden.

Zehnmal hundert Milchkühe hervorgetreten

1. Verschwunden ist das Dunkel, das schwarze, aufgeleuchtet ist der Himmel, empor hat die göttliche MORGENRÖTE ihren Schein gerichtet.
2. Zehn(mal) hundert Milchkühe sind gemeinsam hervorgetreten: Dies eine der Götter herrlichste (ihrer) Lichtwunder habe ich gesehen.
[Milchkühe: Strahlen der MORGENRÖTE]
3. Dahingegangen sind die, welche die früheren Morgenröten sahen, wenn sie erstrahlten, die Sterblichen.
4. Dass, o MORGENRÖTE, du erstrahlt bist als erste und durch die Macht deines Scheins gedeihen wird, was zu gedeihen vermag, ist deine große, einer Großen, von ÁSURA empfangene Macht, die *eine*.

Verschwundener AGNÍ wiedergefunden

1. *Du* wirst aus Wassern, *du* aus dem Ozeanstein, *du* aus Bäumen, *du* aus Pflanzen geboren, o Mann!
2. Der sich auf jenen Weg dort, den höchsten, begeben wird, auf die Umlaufbahn als Sonnenlicht, AGNÍ, den (Himmels)wasser, dahineilende, Stärke zuführende, umfliegen werden, den haben wir gefunden, nachdem verschwunden er war wie ein Vieh, kühebegehrende, die unter Verbeugungen wir (ihn) hatten gesucht, wirkmächtigen Denkens mächtige Priester.
3. Nicht schließt die Augen AGNÍ Tag für Tag, sobald er geboren.
4. Du hast dich gesetzt ins Temenos (als) Rufer der Götter und Opfergusspriester, reiner: Die Götter rufe herbei nun!
5. Der du kennst durch innere Schau, o AGNÍ, die Wege des SONNENGOTTES, Bote bist du geworden, Fuhrmann von Opfergüssen.
6. AGNÍ erachte ich für (meinen) Vater, AGNÍ für meinen Verbündeten, AGNÍ für (meinen) Bruder wahrlich, für (meinen) Freund.

O ihr MARÚT, zu wem fahrt ihr, zu wem denn?

1. Wenn fernhin so aus der Ferne den Donner ihr schleudert, durch wessen geistige Kraft (geschieht das dann), o ihr MARÚT, zu wem fahrt ihr (dann), zu wem denn, o ihr, die ihr in der Ferne das Ziel (eures) Strebens habt?
2. Nicht *euch*, o ihr mit Leben Geschmückten, erschöpfen sich nach und nach die Kräfte, nicht *euch* mögen sich erschöpfen die Milchkühe, die zu Leben zu begießen vermögen die Flur.
[Milchkühe: Regengüsse]

3. Der MARÚT Macht im Himmel und in den Grenzen der Erde haben gedacht *wir*.

Der SONNENGOTT verleihend eine Fackel dem Fackellosen

1. Auf dass eine Fackel du verschaffst dem Fackellosen, ein Schmuckstück, o ihr Männer, dem Schmucklosen, auf dass er (damit) prunke, wurdest du zusammen mit den Strahlen der MORGENRÖTE geboren, o SONNENGOTT!
2. Wo gemacht die Unsterblichen den Weg ihm, fliegt wie der Aar er entlang (seine) Bahn.
3. Mögen alle Tage *dir*, der Auge um Auge (dem Auge, dem Auge) Wonne, mit von Leben erfülltem Geist, mit von Leben erfülltem Auge, (als) nachwuchsreiche, frei von bedrängender Unheilsmacht, frei von Unrecht entgegensehen wir, o SONNENGOTT!

Ins Dunkel stoßt die zu Tod Tätigen, o ÍNDRA, o SÓMA!

1. Ins Dunkel kopfüber stoßt, auf dass nicht von dort wieder irgendeiner heraufkommt, o ÍNDRA (und) o SÓMA, die zu Tod Tätigen! Eine solche soll sein euer beider ingrimmerfüllte Macht!
2. Mit feuerdurchglüten Waffen stoßt die Fressgeister nieder *ihr beide*! Auf die Zauberer schleudert (eure) Waffe! Nieder stoßt, die Vögel geworden, die zu Tod Redenden, die umherfliegen in den Nächten!
3. Ins Dunkel legte sich VṚTRÁ, hemmte die Wasser, nachdem auseinander du (ihn) geschleudert, o ÍNDRA, du besiegt hattest den Schlangerich.
4. Wie ein Stein, der vom Himmel geschleudert wurde, sollst mit (deinem) Ingrimm du treffen (meine) Unfreunde, o ÍNDRA!
5. In der Ferne (war) dein Wesen verborgen, als dich sich riefen HIMMEL-und-ERDE gar zur Reichung (deiner) Kraft (damit du ihnen deine Kraft reichst).
6. Seit der Urzeit ja erschöpfen sich die Kräfte in *deiner*, des keulenbewehrten, Hand nicht, o Wirker Leben wirkender Wundertaten, der du mit Freigebigkeit darreichst Reichliches Einfältigen.
7. Und wahrlich der Reichtum des Geizigen erschöpft sich nach und nach, immer blüht durch (seine) Reichtümer wer gibt mit Freigebigkeit.

Tausend Heilmittel sind dir, o RUDRÁ!

1. Rudrásya rūpám aruṣám ní hváyāmahe námasā vayám.
2. Āré asmád dáivyam hé̱ḻas ásyatu! Sumatím íd vayám-asya â vṛṇīmáhe.
3. Dvipád cátuṣpad ná ríṣyet asmâkam ná prá náśyet támas vánānām sárvam ástu! Tád-tvā îmahe.
4. Sahásram-te bheṣajâ: Mâ ríṣyas tanúas-nas mâ-nas tokéṣu tánayeṣu ríṣyas!, súmṛḻīka!
5. Prá jâyemahi, Rúdra!, prajâbhis!

MITRÁ und VÁRUṆA vom Wagen des SONNENGOTTES aus auf die Geborenen sehend

1. (Áhvaye Agním prathamám svastáye hváyāmi Mitráu Váruṇau ávase, dyós yáu, yád ní ásīdatām ráthe Sûryasya, abhí jánān páśyatas.) Gerufen habe ich mir AGNÍ als ersten zu Segen, ich rufe den MITRÁ (und) den VÁRUṆA zu erquicklicher Hilfe, die beide vom Himmel aus, nachdem sie niedergesetzt sich auf den Wagen des SONNENGOTTES, auf die Geborenen sehen.
2. (Ádhā nú ágamam-asya saṃdŕśam Agnés ánīkam Váruṇasya páśyeyam: Kâvyāni purûṇi púṣyet!) Eben jetzt bin ich gekommen zu seinem (gemeinsamen) Anblick, des AGNÍ Antlitz, des VÁRUṆA möge ich sehen: Möge Sehergedanken, viele, er blühen lassen!
3. (Ánnam víśvasmai bhúvanāya jâyate, yád Parjányas, yás-vām vraté, pári dîyati ráthena pṛthivîm rétasā ávati.) Speise wird jedem Wesen geboren, wenn PARJÁNYA, der in euer beider Botmäßigkeit, umherfliegt mit (seinem) Wagen, die Erde mit (seinem) Samen belebt.
4. (Râjños vraté Gandharvân-cid ápaśyam vāyúkeśān.) In der beiden Könige Botmäßigkeit habe die GANDHARVÁ gar gesehen ich, die windhaarbegabten.

5. (Pári spáśas Váruṇasya páśyanti ródasī suméke.) Rings besehen die Späher des VÁRUṆA Himmel-und-Erde, die wohlgegründeten.
6. (Té ādityâsas urávas ádabdhāsas dipsávas: Antár mánuhṣu páśyanti vr̥jinâ utá r̥jú.) Die Söhne der ÁDITI, die weiten, unbetörbaren, zu betören suchenden: Im Innern der Menschen sehen (sie) die verdrehten (Gedanken) und die geraden.
7. (Muñcátam mâm, súpracetasau!, vr̥jinébhyas dhībhyás!) Befreit *mich*, o ihr beiden zu Leben Aufmerksamen, von verdrehten Gedanken!

Parvan 75

Setzt ins Weite mich, o ihr beiden AŚVÍN!

1. Die beide zu Leben gerufen ihr werdet, setzt ins Weite, o ihr beiden Leichterrufbaren, *uns* durch (eure) Erquickung!
2. Nicht den, o ihr beiden Könige, o ÁDITI, erlangt, von wo auch immer, Bangen, Unwegsamkeit, Furcht, den, o ihr beiden AŚVÍN, zu dem auf dem vordersten Wagen ihr macht – samt (seiner) Frau!
3. Setzt ins Weite mich, den Sänger, *ihr beide* doch, der mit Süßtrank ich euer beider Süßtrank besprenge, der auf Wegen, uralten, auf des Schafes Wolle gekreist (herumgefahren) in lückenloser Geschlossenheit.
[mit Süßtrank: mit süßer Milch; euer beider Süßtrank: den Somasaft]

AGNÍ geboren aus den Wassern des Ozeansteins

1. In Botmäßigkeit den Gott ehrt mit Süßtrank, auf dass er geboren werde aus den Wassern des Ozeansteins hier!
[Süßtrank: Schmelzbutter]
2. Des Stieres, des lichten, Antlitz, welches zu Herrlichkeit gemeinsam entzündet wird: Im Temenos leuchtet es.
3. Mögest in des Himmelsgewebes Obhut du sein, o AGNÍ, das gewebt wurde von Uraltehrwürdigen! Du sollst gesehen werden! Verschwinde nicht in Dunkel! Mögest gedeihen durch erstrahlender Worte Süße *du*!
4. Die gemeinsam erkannt hatten AGNÍ, die Priester der Urzeit, setzten sich heran (an ihn), begleitet von ihren Gattinnen, (und) ehrten mit Verbeugung den mit Verbeugung zu ehrenden.
5. Nachdem drei Erntezeiten, o AGNÍ, *dich* wahrlich, den reinen, Menschenkinder mit Schmelzbutter, reine, hatten geehrt, empfingen Wesensausdrücke wahrlich sie, ehrwürdige, süß wahrlich waren ihre Leiber gemacht worden, (die Leiber) derer, die zu Leben Geburt gehabt hatten.
[süß: reif; die Menschenkinder, das ist die (unmittelbaren) Nachkommen des MÁNUS, gehen nach drei Jahren Priesterdienst an AGNÍ durch den Tod und empfangen ihre himmlischen Leiber, eine Art zur Reife gelangte irdische Leiber]
6. Sie, deren Leiber (nun) süß (geworden), ehrten, Götter (nun) alle, mit Verbeugung in Furcht *dich*, o AGNÍ, der wieder (und) wieder du dich stellst ins Dunkel.
7. Welche (als) deine Zunge, süße, o AGNÍ, bei den Göttern ertönt (als) weithin redende: Mit *der* alle durch Opfergaben erquicken sich Lassenden zur Erquickung herbei rufe dir!
[ertönt: das Knistern des Feuers]
8. Des AGNÍ Antlitz, des mächtigen, ehren wir hier (und) heute, ehren wir mit Verbeugung, das in den Grenzen der Erde gemeinsam entzündet wird, das am Himmel aufflammen soll, das mit Opfergaben zu erquickende des SONNENGOTTES.
9. Auf dass Wohlfahrt auf dem Weg, Wohlfahrt sei im Haus, verschaffe (uns) das lichte Gut, o SONNENGOTT, das feuerfarbenprächtige, das süße!

Zu Kampf nur suchst du dir Verbündete, o ÍNDRA!

1. Durch Kampf hast ins Weite gesetzt du die Götter, zu Kampf nur suchst du dir Verbündete, o VṚTRÁ-Erschläger, der zu Ruhm, zu Kampfpreis du kämpfst; (als) ohne Verbündeten wirst du gekündet in Friedenszeit.
2. Sobald du brüllst, führst zusammen du Männer, die kämpfen, zu Kampf; da sogleich wirst als Vater du gerufen.
3. Es sollen besiegt werden alle zu Tod Redenden durch den Keulenbewehrten, den Siegreichen!

Herab stoßt die Zauberer, die als Vögel umherfliegen in den Nächten, o ihr MARÚT!

1. Die, o Sänger, marutische Schar mit Verbeugung ehre! Zur Ruhe bring (sie) durch Erhöhungsgesang!
2. Welche (als) frühergewesene, o ihr MARÚT, und welche (als) nunseiende Täuschungsmanöver Böser gekündet werden, durch welche das Volk betört zu werden vermag, ihr Lichten, von all dem habt ihr gehört, alles das seht ihr.
3. Erschlagt, o ihr MARÚT, den Mann, den Verfolgungsgeisteransetzer, herab stoßt die Zauberer, die (als) Vögel umherfliegen in den Nächten, herab schleudert die beiden KIMĪDÍN, die wirkmächtigen Denkens mächtigen, die ein Paar bildenden!

Möge um unsere Kühe herum sich drehen des RUDRÁ Todespfeil!

1. (Idám pitré Marútām ucyáte bráhma svādús Rudrâya vâjas.) Dies dem Herzen entquellende Wort wird dem Vater der MARÚT gewortet, (als) süße Stärkung dem RUDRÁ.
2. (Namasyâ Rudrám, námobhis gṛṇīmási tveṣám nâma.) Mit Verbeugung will ehren ich RUDRÁ, mit Verbeugungen erhöhen wir (seinen) blitzenden Wesensausdruck.
3. (Pári-nas gâs, yâs â ákran tápasā áṅgirasas, śárus Rudrásya vṛjyâs!) Möge um unsere Kühe herum, die herbeigeschafft unter Schmerzensglut die Priester der Urzeit, sich drehen des RUDRÁ Todespfeil!
4. (Yūyám, gâvas!, bhadrám gṛhám kṛṇuthá, bhádravācas!; bṛhán-vas majmâ ucyáte.) *Ihr*, o Kühe, macht gesegnet das Haus, o ihr, die mit segnender Stimme begabte; als gewaltige wird eure Macht gekündet.
5. (Ná dásyati rayís góbhis, gṛhás púṣyati góbhis, gṛhás dṛśyáte bhadrás.) Nicht erschöpft sich der Reichtum durch Kühe, das Haus gedeiht durch Kühe, das Haus wird gesehen (als) gesegnetes.

Behüte uns, VÁRUṆA, vor beiderlei Bedrängnis!

1. Pât pátis jányād áṃhasas-nas Mitrás mitríyād utá-nas uruṣyét!
2. Yám rákṣanti prácetasas Váruṇas Mitrás Aryamâ yajatâs, nû-cid sás dabhyáte jánas.
3. Yás-te, Mítra!, śíkṣati dānâ, ná jīyáte, ná-enam áṃhas aśnóti antí ná parāvátas.
4. Váruṇa!, púnar asmâsu cákṣus púnar ātmânam ihá-nas dhehí bhógam!

Parvan 76

Aufgeschlossen hast mit Licht du das Dunkel, aufgeschlossen du deinen Leib, o MORGENRÖTE!

1. Wie eine Stute, eine feuerfarbenprächtige, feuerfarbene ist die Mutter der Kühe, die ordnungsmächtige, die Seherfreundin der beiden AŚVÍN erschienen, die MORGENRÖTE.
2. Die Hassmacht du fernhältst mit Macht, *dir* haben, zu Leben aufmerksame, o an schönen Gaben Reiche, entgegen mit Lobesworten gewacht wir.

3. Die die Welt zu erfüllen du vermagst, o weithin Aufscheinende, mit Freigebigkeit, hast aufgeschlossen mit Licht das Dunkel, aufgeschlossen (deinen) Leib für Männer wie eine Bruderlose.
4. Welcher euer beider umherfahrender, zu Leben rollender Wagen, o ihr beiden AŚVÍN, der zusammen mit den Strahlen der MORGENRÖTE gerufen wird von den Völkern, den wahrlich rufen jetzt *wir* uns – wie des Vaters Namen, den leichtrufbaren.
5. Die beiden Göttinnen, mit Opfergaben zu erquickende, sind mit den (anderen) Göttern, den mit Opfergaben erquicken sich lassenden, hervorgetreten, zwei ordnungsmächtige, unbetrügbare, Götter als Söhne habende – nicht tasten die beiden göttliche Gebote an.
[Die beiden Göttinnen: HIMMEL und ERDE]

Die Wasser wandelnd um AGNÍ, den ewig jugendlichen

1. Der WASSERSOHN scheint in den Wassern, im Ozeanstein, der ordnungsmächtige, der seiner Lebenskraft niemals ermangelnde, weithin, weithin; um den ewig jugendlichen wandeln die Wasser, junge Frauen.
2. Der gemeinsam entzündet wird im Temenos, der von blitzendem Anblick ist aufgeleuchtet, dem im Himmel der Schoß, der weithin aufscheinende, auf dass die Sippenglieder ihn sehen.
3. Er, der Bote will wahrlich zu allen (Götter)sitzen, der Rufer der Götter und Opfergusspriester mit goldenem Wagen, der lichtwunderliche, weithin aufscheinende.

Die herrlichste Macht dein, o ÍNDRA, soll in Stärke erscheinen!

1. Die herrlichste Macht dein, o Gabenreicher, soll über den Himmel hin in Stärke erscheinen!
2. An sich nahm der Gabenreiche die Keule, erschlug ihn, den Erstgeborenen der Schlangen.
3. Nachdem ÍNDRA und der Schlangerich gekämpft hatten, blieb der Gabenreiche Sieger.
4. Wache uns über die Gabenreichen, hüte die sonnenlichtigen Opferherrn, auf dass sie sind vor Anschlägen seitens Dämonen sicher!
5. Möge niemals nun des Männerherrn Unsterblichkeitsspeise vollends sich erschöpfen!
[Unsterblichkeitsspeise: Soma]

Möge des RUDRÁ Todespfeil sich drehen um unsere Kühe herum!

1. Das Feuer, das, o ihr MARÚT, gemeinsam entzündet wird hier auf Erden, das genießt, o ihr Seher, o ihr ewig Jugendlichen!
2. Ewig jugendlich (ist) sie, die marutische Schar, im Besitz eines blitzenden Wagens.
3. Diese erhöhenden Worte bringt RUDRÁ, dem Gott, der erfüllt von der ihm eigentümlichen Kraft, dem siegreichen Seher, dem spitzwaffigen!
4. Möge um unsere Kühe herum der Todespfeil des Blitzenden sich drehen, zu Unversehrtheit soll (dieser) in der Ferne verschwinden, treffen einen anderen!
5. Lobsinge den auf dem Wagensitz sitzenden, ewig jugendlichen, mit Opfergaben zu erquickenden Vater ewig Jugendlicher!

Seine Töne nur werden gehört, nicht die Gestalt gesehen

1. Vâtas prá vâti, pári dîyanti abhrâṇi śávasā, ramṇīté púnar párijman.
2. Sáhasā ní âsyas skándhāṃsi vṛkṣébhyas, âre'artha!
3. Apâm sákhā prathamajâs ṛtâvā: Kúa-svid ájāyata kútas â ágan?
4. Ātmâ devânām cárati devás eṣás; ghóṣās íd-asya śrūyánte ná rūpám dṛśyáte; tásmai Vâtāya havíṣā vidhés!
5. Brahmâ ásaparyam ánamasyam Vâtam, bhúvanasya gárbhas yás udyáte.

VÁRUṆA unbetört von zu betören Suchenden

1. (Tâ mātâ viśvávedasā śávase prámahasā mahî ájanat Áditis ṛtâvarī.) Sie beide hat die Mutter, die beiden allesgewahrenden, zu Stärke, die beiden vor anderen mächtigen, die große, zur Geburt gebracht, die ÁDITI, die ordnungsmächtige.
2. (Pári tvâm, Váruṇa!, spáśas ní ásīdan, ná yás dabhyáse dipsúbhis ná drúhvabhis jánānām.) Rings um *dich*, VÁRUṆA, haben (deine) Späher sich niedergesetzt, der du nicht betört wirst durch zu betören Suchende, nicht von den Trugreichen unter den Geborenen.
3. (Tâ-vām víśvasya gopâ devâ devéṣu yajatâ ṛtâvānā yáje, yéṣām majmánā â ucyáte ṛtám.) Die beiden dort, euch beide, des Alls Kuhhüter, die beiden Götter unter den Göttern, die durch Opfergaben zu erquickenden, zwei ordnungsmächtige, erquicke ich mir mit Opfergaben, durch deren Macht herabtönt das geordnete Weltall.
4. (Yád-īm Agnís ṛtásya páyas mádhu â náyat pathíbhis ṛjúbhis, Aryamâ Mitrás Váruṇas párijmā Vâtas téna pṛthivîm pṛñcánti.) Wann immer AGNÍ des geordneten Weltalls Nass, das süße, auf Pfaden, geraden, herableitet, füllen ARYAMÁN, MITRÁS, VÁRUṆA, der umherfahrende WIND damit die Erde.
5. (Ví-nas sahásram śurúdhas rádantu ṛtâvānas Váruṇas Mitrás Agnís!) Weithin uns tausend Kraftströme sollen erfurchen die ordnungsmächtigen, VÁRUṆA, MITRÁ, AGNÍ!
6. (Mâ ahám maghónas, Váruṇa!, priyásya â vidám śûnam-te yujás! Áṃhasas-mā muñcá tápasas! Uruṣyá-nas sú!) Nicht *ich* will zu deinem, eines gabenreichen, o VÁRUṆA, eines freudespendenden, Mangel hinfinden, eines Verbündeten. Von Bedrängnis mich befreie, von Schmerzensglut! Setze uns ins Weite zu Leben!
7. (Kṣáyāni utá púṣyāni ihá vraté-vām!) Wohnen und gedeihen will ich hier auf Erden in euer beider Botmäßigkeit!

Parvan 77

PÚRUṢA geehrt durch das Opfer, das er selbst ist

1. Aus PÚRUṢA (als) ganz ausgegossener Opfergabe sind die Verse und Melodien geboren worden unter Schmerzensglut.
2. Aus PÚRUṢA wurden die Rosse geboren, die Kühe wahrlich wurden zur Geburt gebracht aus PÚRUṢA.
3. Mit PÚRUṢA als Opfer ehrten den PÚRUṢA, der (zugleich) Opfer (war), die Götter: Das waren die unverbrüchlichen Satzungen, die ersten.

Die dreimal sieben Namen der Kuh

1. Vor bringt das Göttergewinnungslied, das unsere Väter, die frühergewesenen, webten, mit dem sie, die Priester der Urzeit, die Kühe fanden!
2. Der kosmischen Ordnung Fährte hüten die Seher in (ihrem) Inneren, ordnungsmächtige; ins Verborgene haben der Kühe Namen sie sich gesetzt, die höchsten, ins Verborgene die Göttergewinnungslieder.
3. Verkündet hat mir VÁRUṆA, dem Priester: „Dreimal sieben Namen trägt die Kuh, die Mutter der Kühe." Des Göttergewinnungslieds süße Worte: Dem Einfältigen werden sie gekündet durch dich wahrlich, o VÁRUṆA!

Des AGNÍ Fackel zwischen Himmel und Erde

1. Zwischen den beiden Sitzen der beiden Uralten (ist) deine Fackel hier, o AGNÍ, der gemeinsam entzündet du wirst in der Früh.
[die beiden Uralten: Himmel und Erde; deine Fackel: das Opferfeuer]

2. „AGNÍ bin ich, durch Geburt alles Geborenen Gewahrer", spricht der ewig Jugendliche, der von Völkern gerufen wird, der von Völkern gesehen wird, der sich niemals erschöpft, der mit Opfergaben zu erquickende.
3. Er, der Bote, will wahrlich zu der Erde Haupt, zu allen Göttersitzen (Sitzen der Götter), der Rufer der Götter und Opfergusspriester mit goldenem Wagen, der lichtwunderliche, weithin aufscheinende.
4. Auf der Welt Haupt, o alles Geborenen Gewahrer, hast du dich gestellt, o AGNÍ, zusammen mit (deiner) Fackel.
5. Der das Göttergewinnungslied, das mächtige, gefunden, der tausendsamige Stier, soll *mir* (es) wahrlich nun verkünden, der gabenreiche!

ÍNDRA strafend die Feinde des MITRÁ und des VÁRUṆA

1. Das gemeinsame ihm lasse erstrahlen, das in den Grenzen der Erde ohne Gleiches, das dem Herzen entquellende Wort, das neue!
2. Der den mächtigen Sitz, den göttlichen, umfliegt, die Erde, dem nicht Himmel (und) Erde, nicht trockenes Land, nicht der Zwischenraum, nicht Felsen ebenbürtige Gegenstücke: SÓMA ergoss sich für *dich*.
[SÓMA als Sonne]
3. Auf dass mit der verbündeten Schar der MARÚT Taten zur Geburt er brächte, blies, nachdem vom Soma er getrunken (und) gestärkt worden war aus dem Himmel, der Männerherr fort mit Macht Zauberer, schleuderte (sie) ins Dunkel.
4. Du kämpftest mit Stärke mit VṚTRÁ, bliebst Sieger; durch der Tat Größe, die durch ÍNDRA getan wurde, wurden aus dem Dunkel herausgeboren die Götter.
5. *Du* zerbrichst die Verdrehtheiten (derer), die dahin des MITRÁ, des VÁRUṆA Ordnung schwinden machen, du triffst zu Tod Tätige.
6. Das wahrlich ist die herrlichste Tat des Wirkers Leben wirkender Wunderwerke, dass die unter ihm sich befindlichen quellen er ließ, die süßen Flüsse, die vier; trockene Lande füllte mit Wasser er.
7. Fernhin hat deine früheren Taten, o Seher, der (sie) erkannt, genannt vor dem Seher, die Taten vor *dir*, dem Gabenreichen.
[o Seher: o ÍNDRA]

RUDRÁ auf der Sonne sitzend und Schauung nehmend vom irdischen Geschlecht

1. Ehren will ich, mit Verbeugung will ehren ich RUDRÁ, mit Verbeugungen erhöhen wir (seinen) blitzenden Namen.
2. RUDRÁ nimmt durch des SONNENGOTTES Sitz, auf dem er thront, Schauung vom irdischen Geschlecht (erschaut das irdische Geschlecht).
3. Gnädig sei uns, o Gott, der Heilmittel du trägst in der Hand, und jetzt strecke (über) uns (deinen) Schutzschild aus!
4. Mit Wassern weithin wässern deine Söhne die Erde, die ewig jugendlichen, auf ihrer Umfahrt.
5. Ausbreiten soll sich bei eurem Kommen die Erde wahrlich durch Regenfälle, möge durch Schmelzbutter die Flur gedeihen!
[ausbreiten soll sich die Erde: vergrößern soll sich das fruchtbare Land]

Die Feinde des VÁRUṆA wie bruderlose Weiber

1. (Tám-ū sú samanâ girâ pitṝṇâm-ca mánmabhis śáṃsāmi.) Ihn nun lobrede zu Leben ich in gleicher Weise wie immer mit Erhöhungsgesang und der Väter Gedichten.
2. (Prá-vām sás, Mítrā Váruṇā!, vípras ṛtâvā uruśáṃsas mánmāni íyarti.) Hervor für euch beide,

o MITRÁ (und) o VÁRUṆA, lässt der ordnungsmächtige Seher, dessen Lob weithin ertönt, (seine) Gedichte streben.
3. (Yuvám kavés mánmanām râjathas.) *Ihr beide* herrscht als Könige über des Sehers Gedichte.
4. (Mitrâya śíkṣa Váruṇāya, vīrân yâ uruśáṃsān saṃrâjā mánasā pṛṇītás yáyos dhâma dhármaṇā rócate.) Dem MITRÁ verhilf zu Lebenskraft, dem VÁRUṆA, welche beide Männer, deren Lob weithin ertönt, zwei Gemeinsamkönige, mit Geist füllen, deren beider Lichtgebilde in den Grenzen der Himmelsfeste leuchtet.
5. (Śáṃsā Mitrásya Váruṇasya dhâma!) Lobreden will ich des MITRÁ, des VÁRUṆA Lichtgebilde.
6. (Ṛ́tasya gópau!, ádhi tíṣṭhathas rátham, sátyadharmaṇā!, paramé víomani. Yâmani, Váruṇa!, práti śrudhí!) O ihr beiden der kosmischen Ordnung Kuhhüter, ihr beide steigt auf den Wagen, o ihr, deren unverbrüchliche Satzung Lebendigsichtbares wirkt, im höchsten Himmelsgewebe. Auf (deiner) Fahrt, o VÁRUṆA, höre (uns) entgegen!
[Wagen: Sonne]
7. (Antár mahî ródasī imé víśvā-te dhâma, Váruṇa!, priyâṇi.) Zwischen den beiden großen, Himmel-und-Erde, den beiden (wohlbekannten, sind) alle (Dinge) deine Geschöpfe, o VÁRUṆA, freude-spendende.
8. (Dhármaṇā, Mítrā Váruṇā!, vratâ rákṣethe Ásurasya māyáyā.) Nach unverbrüchlicher Satzung, o MITRÁ (und) o VÁRUṆA, wacht über die Gebote ihr beide durch (euer) von ÁSURA herrührendes wirkmächtiges Denken (durch des ÁSURA wirkmächtiges Denken).
9. (Abhrātáras ná jánayas durévās aghâs anṛtâs asatyâs, prá yé minánti Váruṇasya dhâmāni.) Wie bruderlose Weiber, von todesträchtiger Macht getriebene, böse, sich nicht in die kosmische Ordnung fügende, unwahrhaftige (sind diejenigen), die dahinschwinden machen des VÁRUṆA Gesetze.
10. (Táva syâma puruvîrasya śárman uruśáṃsasya!, Váruṇa práṇetar!) Mögen unter *deinem*, des vielmannigen, dessen Lob weithin ertönt, Schutzschild wir sein, o VÁRUṆA, o Voranführer!
11. (Áriṣṭas sás mártas víśvas várdhate prá prajâbhis jâyate dhármaṇas pári, yám, âdityāsas!, áṃhasas muñcátha uruṣyátha.) Ungeschädigt gedeiht der Sterbliche (als) ganzer, hervor durch aus ihm hervorgehende Geschlechter wird er geboren – aufgrund unverbrüchlicher Satzung (aus unverbrüchlicher Satzung heraus), den, o Söhne der ÁDITI, von Bedrängnis ihr befreit, ins Weite ihr setzt.

Empor hat der SONNENGOTT die Strahlen gerichtet, empor die Geschlechter der Menschenkinder

1. Úd Sûryas arcîṃṣi áśret purú úd víśvā jánima mānavânam.
2. Ví dyâm éṣi rocanám urú mímīthās áhāni aktúbhis, páśyasi yás jánmāni sárvāṇi, Sûrya!
3. Pūṣâ bhávasi, déva!, yâmabhis.
4. Sûryam nâma vṛṣabhásya dhenós nâma Ásurasya nâmabhis ámimata kaváyas.
5. Savitâ prá ásuvat bhûma ramṇâti-ca sûras púnar.
6. Tvám yám apsú ádhās, bhāgám ánnasya anyé anyé dhánva ánu: Mṛgâs ví tíṣṭhanti ánnam úpa pratidoṣám.
7. Râtrīm pári dîyasi utá Mitrás bhávasi, déva!, dhármabhis.

Parvan 78

Das Opfer der Welt Nabel

1. Nicht der Nacht war, des Tages Aufschein, nicht Himmelsgewölbe, nicht Erde.
2. Aus dem Nabel des PÚRUṢA, des tausendhäuptigen, wurde der Zwischenraum, aus seinem Haupt ballte der Himmel sich zusammen im Anfang.

3. Die Priester der Urzeit haben gemacht des Himmels Weg uns; den Tag, das Sonnenlicht haben sie gefunden, die Fackel der ewig Jugendlichen.
[des Himmels: der Sonne; der ewig Jugendlichen: der MORGENRÖTE]
4. In die Nacht setzten das Dunkel, das Licht in den Tag die Väter; ungleichgewandet (sind) die beiden verschwisterten, die beiden ein Paar bildenden, Tag und Nacht.
5. „Die Seheropferstätte hier (ist) das oberste Ende der Erde, das Opfer hier der Welt Nabel, aus dem Erde und Himmelsgewölbe zur Geburt gebracht werden", sprechen die Priester der Urzeit.

Weithin blickt die NACHT nach allen Seiten mit ihren Augen

1. Weithin blickt die NACHT von allen Seiten mit (ihren) Augen, da wandelt die Göttin MORGENRÖTE wahrlich herbei in feuerfarbene Prachtgewandung gehüllt.
2. Von den wohlbekannten, uraltehrwürdigen Schwestern, den feuerfarbenen, geht Tag um Tag die spätere auf die frühere zu vom Rücken.
3. Nicht (um) den Nichtverschwisterten, nicht um den Verschwisterten dreht sich herum die weithin aufscheinende, allen (ist) Freundin sie.
[dreht sich herum: geht aus dem Weg]
4. Wie ans Feuer der Nackte haben wir uns gesetzt, die Hervorgeborenenschaft HIMMELS und der MORGENRÖTE, an das Euter *dein*, o du mit den feuerfarbenprächtigen Strahlen!

AGNÍ als Wassersohn: fußlos, handlos, hauptlos

1. Der herbeigekommen inmitten endlosen Dunkels, (er,) dem sieben Rufer der Götter und Opfergusspriester, leuchtet fernhin, AGNÍ, sobald in (seiner) Mutter, der MORGENRÖTE, Schoß er erstrahlt ist, an (ihrem) Euter.
2. Als den WASSERSOHN sollst du ihn ehren, wann immer er wandelt in des Ozeansteins Tiefe, in der Wasser Schoß, fußlos, handlos, hauptlos, verbergend (seine) beiden Enden in des Stieres Nest!
[des Stieres: des ÁSURA]
3. Der WASSERSOHN bringt kraft der von ÁSURA empfangenen Vollmacht Größe alle Wesen zur Geburt.
4. Für die ganze Welt haben AGNÍ die Götter, den Sohn des alle Menschen umfangenden Himmels, zum Erleuchter der Tage gemacht.

Auf schlägt die Augen nun der SONNENGOTT

1. Auf schlägt das Auge nun, der Leben wirkende Reichung reicht, der SONNENGOTT, auf schließt sich das Auge des MITRÁ, des VÁRUṆA.
2. HIMMEL-UND-ERDE haben hervorgebracht den SONNENGOTT aus (ihrem) Haupt, nachdem im Geist sie ihn rings sich hatten ergriffen.
3. Auf dass eine Fackel du verschaffst dem Fackellosen, ein Schmuckstück, o ihr Männer, dem Schmucklosen, wurdest zusammen mit den Strahlen der MORGENRÖTE du geboren, o SONNENGOTT!
4. Des SAVITÁR beide Arme, die locker sitzenden, goldenen erreichen des Himmels Enden.
5. Mögen alle Tage dir mit von Leben erfülltem Geist, mit von Leben erfülltem Auge, nachwuchsreich, frei von Unheilsmächten, frei von Unrecht, *dir* Tag für Tag entgegensehen wir bei (deinem) Kommen, o SONNENGOTT, der du siehst die Geschlechter alle!
6. Verkünden sollst du uns dem MITRÁ, dem VÁRUṆA als frei von Unrecht, dem ARYAMÁN und AGNÍ!

Was BŔHAS PÁTI getan, nicht wieder wird er es tun

1. Die Verse, die Melodien, die Dichtkunst (Dichtung) selbst, die siebenhäuptige, hat unser Vater, die mächtige, gefunden.
[siebenhäuptig: von je sieben Priestern ausgeübt]
2. Er besprengte mit Süßtrank der kosmischen Ordnung Schoß, der Erde Fell, das blitzende, gleichsam mit Wasser: Er, BŔHAS PÁTI, spaltete den Finsternisfels, holte hervor aus dem Finsternisstein die Kühe.
[Süßtrank: Regen]
3. Was er getan hat, nicht wieder wird er (es) tun, solange Sonne (und) Mond aufgehen werden.

Die wie Tage fort und fort geboren werden, die MARÚT

1. Die wie Tage fort und fort geboren werden, die MARÚT, die in der Ferne das Ziel (ihres) Strebens haben, melken das Euter: Mit Wassern weithin wässern die ewig Jugendlichen die Erde auf (ihrer) Umfahrt.
2. (Sie,) die im Zwischenraum auf Pfaden fahren, gehen nicht heim schlafen – welchen Tag auch immer.
3. Möchten Lichtvolles mit Ohren wir hören, o Götter, möchten Lichtvolles wir sehen mit Augen, o ihr, die durch Opfergaben ihr euch erquicken lasst!

Nicht füllen die Flüsse den Ozean

1. (Namovŕdhā yáu mahnâ dákṣasya uruśáṃsā, râjathas uruṣyû sthás, śúcivratā!) (Ihr,) welche zwei durch Verbeugung gedeihende, durch die Größe geistiger Kraft (solche,) deren Lob weithin ertönt, seid Könige beide, seid beide ins Weite zu setzen begehrende, o ihr beide, deren Wille rein!
2. (Namasyâma yajatáu, yáyos dhâma yáyos sádma dhármaṇā ákhyat.) Mit Verbeugung wollen wir ehren die beiden mit Opfergaben zu erquickenden, deren beider Lichtgebilde, deren beider Sitz in den Grenzen der Himmelsfeste aufgeflammt ist.
3. (Idám-ū sú āsurásya vratapás ṛtâvnas máhi kárma Váruṇasya prá vádāni, tasthivân antárikṣe ví yás mímīta pṛthivîm sûryeṇa.) Diese Tat auch des Ásurasohnes, des gebotehütenden, ordnungsmächtigen, die große, des VÁRUṆA will laut ich künden zu Leben, (des VÁRUṆA,) der, stehend im Zwischenraum, die Erde durchmisst mit der Sonne.
4. (Imâm-ū nú māyâm mahîm maghónas devásya nákis â dadhárṣa: ékam yád udnâ ná pṛṇánti avánayas samudrám.) An diese wirkmächtigem Denken entspringende Tat nun auch, die große, des gabenreichen Gottes erkühnt niemand sich heran: dass den einen Ozean mit (ihrem) Wasser nicht füllen die Flüsse.
5. (Pṛṇītám dhánva ihá gávyūtim udnás divyásya cáros svādós! Bâdhethām áṃhas!) Füllt ihr beide das trockene Land hier, die kuherquickende Weide mit Wasser, himmlischem, prachtvollem, süßem! Vertreibt ihr beide das Bangen!
6. (Tád-mā mánma pári pâtu! – dyâvau-ca yátra tanávatas áhāni-ca yátra tanávan.) Dieses Gedicht soll mich rings behüten – und solange Himmel (und Erde) sich dehnen werden und Tage solange sich dehnen werden!

Mögest du genießen meine Milchkuh, o ÍNDRA!

1. Ávidam dhenúm ágopām; juṣéthās-enām!, Índra!
[dhenúm/Milchkuh: Gedicht]
2. Ánu áhāni mâsās ánu íd vṛkṣâs ánu óṣadhīs ánu párvatāsas ánu Índram ródasī ánu âpas, yád ájāyata nṛpátis, ájihata.
3. Índras áyudhyat śávasā Arbudéna mahnâ mahás ví śīrṣár ábhinat.
4. Prá yé durévās Váruṇam minánti áśevās: Ní amítreṣu âyudham, Índra vŕṣan!, sṛjá sáhasā!

Parvan 79

AGNÍ Erleuchter des inneren Auges

1. Den Sohn des alle Menschen umfangenden Himmels haben zur Geburt gebracht, den fußlosen, handlosen, hauptlosen WASSERSOHN *wir* Seher, das lichte Gut.
2. Auseinander fliegen mir beide (inneren) Ohren, auseinander das (innere) Auge, auseinander das Licht, das ins Herz (mir) gesetzt wurde.
[auseinander fliegen: schlagartig öffnen sich; mit der äußeren Lichtwerdung eine innere Lichtwerdung verbunden]
3. In der Urzeit brachten zur Geburt sich den AGNÍ die Götter, in den sie als Opferguss gossen die Wesenheiten alle; die sieben Freudespendenden wurden geboren für den Stier; *wir* auch haben den weithin Aufscheinenden zur Geburt uns gebracht – mit Hilfe eines Göttergewinnungslieds.

Aus dem Himmel schleudere die Keule, o ÍNDRA!

1. Dem ÍNDRA ein Gedicht hervortreiben will ich aus der Tiefe des Ozeans (meines) Herzens.
2. Der als BHÁGA im höchsten Himmelsgewebe, im endlosen, Himmel-und-Erde, ein Wirker Leben wirkender Wunderwerke, befestigt hat, (hat befestigt) am Himmel das Lichtgebilde zum Sehen.
3. Heraus schleudere aus dem Himmel den Stein, o ÍNDRA, die Keule! O ÍNDRA (und) o SÓMA, schleudert vom Himmel die Blitze bei (eurem) Kommen!
4. O ÍNDRA (und) o SÓMA, schleudert vom Himmel die Waffe gemeinsam, von der Erde auf den Bösesredner, auf den Unfreund mit Macht!
5. Den ŚÚṢṆA, den wirkmächtigen Denkens mächtigen, brachtest in des Süßtranks Rausch zur Ruhe du, o du, der du die Keule in der Hand hältst, durch (deine) Stärke.
6. *Du* brachtest den großen Fluss für TURVÎTI, für VAYÍA zur Ruhe durch Verbeugung, die Wasser, die dahinstürmenden; wie Regengüsse, die aus Gewittergewölk hervordonnern, (so) donnerte der Strom, der rasch dahineilende.
7. Wie Wägen schießen dahin die Somaströme (Somasäfte) unter beiden Händen; du sollst trinken von ihnen, o ÍNDRA!

Ihr habt den König zur Geburt gebracht für das Menschengeschlecht, die Sonne, o ihr MARÚT!

1. Vor zu den durch Geburt Verschwisterten lass ich das große Leben wirkende Loblied ziehen, zu den ewig jugendlichen, den nicht schmucklosen; die, o Sänger, marutische Schar mit Verbeugung ehre!
2. Zur Ruhe habt gebracht ihr das Regengewölk, heim schlafen gegangen ist das Gewittergewölk; *ihr* habt den König zur Geburt gebracht für das Menschengeschlecht, die Sonne, den Sitz der Götter, o ihr, die durch Opfergaben ihr erquicken euch lasst!
3. Jetzt löst nach und nach auf euren Strahl in des Regens Wassern wieder, o ihr Blitzenden! Mögen eure Rosse besprengen die Erde, dahineilen sollen sie im schwarzen Himmelsgewebe!
4. Trefft, o ihr MARÚT, die als Vögel dahinschießen in den Nächten, die Zauberer, die nichtlieben, mit Todespfeilen!

Empor sollst du treiben zum Haupte des Himmelsgewölbes, o PARJÁNYA, die Wasser des Regens!

1. Úd īráyās śīrṣáṇi nâkasya, Párjanya!, samudrâd udâ vṛṣṭés! Varṣáya ánu dhánva!
2. Vardháyas óṣadhīs pínvas udhâni gávām áva vṛṣṭím sṛjás bhûman dhánvan!
3. Dyâm varṣáyathas ánu vratám Váruṇasya Ásurasya māyáyā.
4. Abhí-nas náva kránda vâśa stanáya gárbham ní dhehí kṣámi kṛṣṇâyām!
5. Stanáyanti abhrâ, vidyút khyát párijman-te.

Oh dass wieder besteigen den Nachen, ich und VÁRUṆA!

1. (Bhúvanasya râjānau gīrbhís ābhís Mitráu dívā vardháyā aktáu!) Der Welt beide Könige will mit diesen erhöhenden Worten, MITRÁ (und VÁRUṆA), bei Tag gedeihen ich lassen, bei Nacht.
2. (Ádhā hí dhíyas yuvám dákṣasya pūrbhís kavīnâm īráyathas, ṛ́tāvānau!) Jetzt ja erregt die Gedanken *ihr beide* in der Seher Burgen geistiger Kraft, o ihr beiden Ordnungsmächtigen!
3. (Ádhārayatam pṛthivîm utá dhárma, Mítrā râjānā Váruṇā!, sáhasā.) Fest umfasst haltet ihr beide (gnom. If.: §FVFu3) Erde und Himmelsfeste, o MITRÁ, o ihr beiden Könige, (und) o VÁRUṆA, mit Macht.
4. (Tisrás bhûmīs dhāráyatas trîn utá dyûn, trîṇi vratâ antár-ayos.) Die drei Schichten der Erde halten fest umfasst die beiden und die drei Schichten des Himmels, die drei Gebote (sind) in der Obhut der beiden.
5. (Yás ādityébhyas ṛtanîbhyas dâśati, yám vardháyanti tmánam utá dhenûs, sás yâti prathamás ráthena ājíṣu.) Wer den Söhnen der ÁDITI, des Weltalls Leitern, Opfer darbringt, wen gedeihen sie lassen, (ihn) selbst und (seine) Milchkühe, der fährt (als) erster mit dem Wagen bei Wettkämpfen.
6. (Ví mád śratháya raśmím-iva âgas, mághavan!) Los von mir löse wie einen Zügel das Unrecht, o Gabenreicher!
7. (Úd paramám, Váruṇa!, pâśam asmád áva adhamám ví madhyamám śratháya!) Auf das oberste, o VÁRUṆA, Band von uns, ab das unterste, los das mittlere löse!
8. (Yás mṛḷáyāti tásmai-cid, yás ákar âgas: Vayám syâma Váruṇe ánāgasas!) (Er,) der Gnade erweisen wird selbst dem, der Unrecht getan: *Wir* seien vor VÁRUṆA frei von Unrecht!
9. (Mṛḷâ!, súkṣatra!, mṛḷáya! Áhnos-nas pátayas mṛḷáyantu!) Sei gnädig, o du, der Leben wirkende Herrschaft du ausübst, Gnade erweise! Die Herren über Tag und Nacht sollen uns Gnade erweisen!
10. (Â yád ruhâva púnar ahám Váruṇas-ca nâvam! Prá yád samudrám ánu īráyāva!) Oh dass wieder besteigen wir beide, *ich* und VÁRUṆA, den Nachen! Oh dass fernhin über den (Himmels)ozean hin wir (ihn) treiben beide!
11. (Dyâm varṣáyatam aruṇâm śundhyúvam!) Lasst die Himmelin regnen ihr beide, die feuerfarbene, reine!

Parvan 80

Die Seihe dein, der Götter Sitz wird erstrahlen an der Himmelsfeste, o BRÁHMAṆAS PÁTI!

1. Heraus trug den Süßtrank BṚ́HAS PÁTI aus dem Pferch, nachdem durch lautes Brüllen auseinandergemacht er den Finsternisstein.
[den Süßtrank: die Strahlen der MORGENRÖTE]
2. Die Burg wahrlich brachen unsere Väter, im Einklang mit der Zudenkung des BṚ́HAS PÁTI, auf durch Melodien, den Finsternisfels die Priester der Urzeit durch Brüllen.
3. (Als) verborgenes suchten zu erlangen das Licht (unsere) Väter, fanden (es) wieder wahrlich in dem Pferch; wirkmächtige Dichterworte kündend brachten sie zur Geburt das Euter der MORGENRÖTE, (sie,) die herauszuführen begehrten der Rötefarbenen Töchter.
[der Rötefarbenen Töchter: die Strahlen der MORGENRÖTE]
4. Jetzt gehen der ewig Jugendlichen Kühe, die verschwisterten, deren Pferch der Finsternisstein, im Einklang mit der Zudenkung des AGNÍ fort.
[der ewig Jugendlichen Kühe: der MORGENRÖTE Strahlen]
5. Im Einklang mit der Zudenkung des AGNÍ wird die Seihe dein, der Götter Sitz, erstrahlen an der Himmelsfeste, o BRÁHMAṆAS PÁTI!
[die Seihe: die Sonne]

Gemeinsam reibe ich des AGNÍ Rücken

1. Gemeinsam reibe ich des AGNÍ Rücken, suche (ihn) hervorzubringen.
2. Die Verschwisterten, die dem Stier zu Lebenskraft verhelfen, erkennen unter Verbeugungen (ihren) Spross in ihm.
[Die Verschwisterten: die Finger]
3. (Als) WASSERSOHN, (als) Keim in den Wassern des Ozeansteins begehren drei Göttinnen dem Gott, dem schmelzbutterprachtgewandigen, zu verschaffen Speise; mögen sie wachsen (ihn) lassen, auf dass aus ihm das Sonnenlicht werde!
[Göttinnen: Wassergöttinnen; der Gott, der schmelzbutterprachtgewandige: das mit Schmelzbutter begossene Opferfeuer]
4. Des AGNÍ, des GANDHARVÁ Seihe hat sich ausgebreitet auf des Himmels Fährte, ihre Strahlen haben sich auseinandergestellt.
[Seihe: Sonne]
5. (Als) König, dem die Seihe Wagen, hast du den Kampfpreis bestiegen, o SÓMA, das Auge des AGNÍ.
[die Seihe: die irdische Somaseihe und zugleich die Sonne; den Kampfpreis: die Sonne]
6. Rings haben Gedichte sich verschafft AGNÍ und SÓMA, mächtig (ist) des SONNENGOTTS rings erschallender Lobgesang.
7. Voran den zu Reichtum zu führen ihr beide begehrt, zu Macht, der Sterbliche, der euch, o ihr beiden Lichten, Opfer darbringt, der bekommt einen (Sohne)mann.
8. Welches (als) deines, o AGNÍ, wie des Berges Strom schwillt, o Gott, (als) feuerfarbenprächtiges, dies vorzügliche Denken *uns*, o alles Gebornen Gewahrer, schenke, du sollst es erregen in unseren Herzen!

Auch auf die HIMMELSFEUCHTE schleudertest herab du die Keule

1. Des ÍNDRA Taten will nun ich verkünden, die getan der Keulenbewehrte.
2. ÍNDRA spaltete mit Macht des mächtigen ARBUDÁ Haupt auseinander.
3. In langwährendes Dunkel legte sich VṚTRÁ, der gefunden hatte in ÍNDRA seinen Bezwinger, der hauptlose, fußlose; zur Ruhe hatte gebracht ihn der Männerherr.
4. Auch auf die, die den VṚTRÁ zum Sohn hatte, auf die HIMMELSFEUCHTE, aus der Geburt empfangen hatte dein Feind, schleudertest herab du die Keule: Wie hast du (das) vermocht?
5. Einen Bezwinger hast *du* wahrlich nicht gefunden, o VṚTRÁ-Erschläger!
6. Wer uns das Lebensnass zu beschädigen sucht, wer der Rosse, wer der Kühe, wer (unserer) Leiber (Lebensnass), (seine) Waffe soll schleudern ÍNDRA auf ihn, den Nichtlieben, den Unfreund!
7. Verhilf zu Lebenskraft, o du von Lebenskraft Erfüllter, mit *deinen* Lebenskräften uns!

Den nicht zu betören suchen zu betören Suchende, nicht die Trugreichen unter den Geborenen

1. Dem MITRÁ verhilf zu Lebenskraft, dem VÁRUṆA, die beide den Gottliebenden, Gemeinsamkönige, mit Geist füllen, deren beider Lichtgebilde in den Grenzen der Himmelsfeste leuchtet, das große.
2. Suche herbeizugewinnen durch Verbeugung, durch zu Leben gedrechselte Verse die mächtigen Söhne der ÁDITI, die ÁDITI zu Segen!
3. Dem MITRÁ, dem VÁRUṆA, dem Voranführer, dessen Schmuck das geordnete Weltall, möge zu großer Freude dies Loblied verschafft werden!
4. HIMMEL (und) ERDE, die Götter als Söhne habenden, die drei Lichtsphären, die himmlischen, halten fest umfasst die goldenen, reinen Söhne der ÁDITI.

5. Sobald Nass VÁRUṆA begehrt, da sogleich kleiden sich in Gewittergewölk gemeinsam die Berge; es lösen sich die MARÚT.
[lösen sich: urinieren]
6. Rings um VÁRUṆA haben (seine) Späher sich niedergesetzt, den nicht zu betören suchen zu betören Suchende, nicht die Trugreichen unter den Geborenen.
7. Wer mir, o König, (als) Verbündeter, (als) Seherfreund im Schlaf Furcht *mir*, dem Furchtsamen, (er)spricht durch Brüllen, wer uns zu betören sucht (als) Wolf: *Du* hüte vor ihm, o VÁRUṆA, *uns*, wacht *ihr* über *uns*, o Späher!
8. Fahren soll uns ÁDITI, die Könige zu Söhnen hat, über Hassmächte hinaus, ARYAMÁN auf Pfaden, gutgangbaren!
9. Wer (der) dir, o MITRÁ, zu Lebenskraft verhilft, wird nicht getötet, wird nicht besiegt, nicht ihn erlangt Bedrängnis vor (seinen) Augen, nicht aus der Ferne.
10. Nicht will vor euch gegen den zu Tod Tätigen ich worten, der den Götterliebenden erschlägt, mit Leben wirkenden Worten nur suche ich mir euch, o Söhne der ÁDITI, zu gewinnen.

Die Wasser der Himmel, Wasser der Ströme sollen mich erquicken

1. (Áchā váda tavásam gīrbhís ābhís stuhí Parjányam námasā â vívāsa udnâm pátim!, yás îśe abhrásya.) Zu dem mächtigen sprich mit diesen erhöhenden Worten, lobsinge (ihn), PARJÁNYA durch Verbeugung such zu gewinnen, der Wasser Herrn, der Herr ist des Regengewölks!
2. (Citrébhis abhráis úpa tíṣṭhatas samrâjā rávam Marútām: Yád stanáyati, dugdhás nábhas; tvâm iyâte, Párjanya!, udár, dyâm yád varṣáyātas ávātas dhánvāni.) Auf feuerfarbenprächtigen Gewitterwolken begeben sich die beiden Gemeinsamkönige zum Brüllen der MARÚT: Welches donnert, das Regengewölk melken die beiden; *dich* gehen die beiden an, o PARJÁNYA, um Wasser, wenn sie den Himmel regnen lassen wollen, erquicken wollen trockene Lande.
3. (Yâs óṣadhīs sómarājñīs ví ásthiran pṛthivîm ánu urvîm, úpa siñcá ghṛténa!) Welche Pflanzen SÓMA zum König habend sich auseinandergestellt über die Erde, die weite, begieße mit Schmelzbutter!
4. (Yâs âpas dyós yâs âpas svayaṃjâs(!) kṣáranti samudrârthās, tâs âpas mâm ávantu!) Welche Wasser vom Himmel, welche Wasser als von selbst geborene sich ergießen den Ozean zum Ziel habend, diese Wasser sollen *mich* erquicken!

Die, welche die Kuh zur Mutter haben, die MARÚT

1. Yáthā árcān arkám, ádhi śríyas dádhate pŕśnimātaras.
2. Gómātaras tanûṣu ádhiran añjîni hiraṇyáyā, yáthā śumbhânte.
[gómātaras / sie, die die Kuh zur Mutter haben: sie, die PŔŚNI zur Mutter haben]
3. Sú yé ájanayadhvam pŕśnimātaras Divás yúvānās vīrâs: Asmân áchā jígāta!
4. Anamīvás vívāseyam â vívāseyam sumnám-te! Yásya bāhúbhyām vidyútas patáyanti, Rúdra!, imám-me śrudhí hávam adyâ-ca mṛḷáya!

Parvan 81

Der ALLSCHAFFENDE ist Ins-Sein-Setzer

1. Der ALLSCHAFFENDE (ist) Ins-Sein-Setzer, Auseinandersetzer von Himmel-und-Erde, höchster, und rings sichtbare Erscheinung.
2. Der unser Vater, Zeuger, der (als) Auseinandersetzer von Himmel-und-Erde (seine) Geschöpfe gewahrt, die Wesen alle, welcher der Götter Namensetzer, einziger wahrlich, zu dem, gemeinsam (ihn) zu befragen, gehen die Wesen, die anderen.

3. Die früheren Sänger opferten (ihren) Schatz gemeinsam dem ALLSCHAFFENDEN, die Sänger, nachdem all die Geschöpfe gemeinsam sie hatten hervorgebracht; so wollen auch *wir*, Sänger, die rötlichen Kühe ihm darbringen nun.
[(ihren) Schatz: die Strahlen der MORGENRÖTE]

Der Himmel ist mein Vater, die Erde meine Mutter

1. Der Himmel (ist) mein Vater, (mein) Zeuger, der Nabel hier meine Verwandte, (meine) Mutter, die Erde, die große hier.
2. Die Söhne hier, Sänger, die Leben wirkendes Werk wirken, Wirker Leben wirkender Wunderwerke, brachten die beiden großen zur Geburt, Mutter (Erde und Vater Himmel).
3. Und dem Vater (und der Mutter) des großen AGNÍ haben Kraft wahrlich zugeführt die Seher.
4. Leben wirkenden Samen hervorbringend (als) Vater (und Mutter) machen die Welt die beiden weit für (ihre) Nachkommenschaft.
[Leben wirkenden Samen: die Sonnenstrahlen]
5. Und des Feststehenden lebendigsichtbares Dasein und des Gehenden hütet ihr beide unter der Himmelsfeste.

Verhelft mir, GHÓṢĀ, zu Lebenskraft, o ihr beiden AŚVÍN!

1. Selbst (f.) rufe euch beide ich mir, hört mir, o ihr beiden AŚVÍN! Wie einem Sohn Vater (und Mutter) verhelft *mir*, GHÓṢĀ, beide zu Lebenskraft!
2. Setzt ins Weite die Sängerin *ihr beide*!
3. Des Nichtraschen sogar seid *ihr beide* Erquicker, des letzten sogar; was ihr beide mir wollt, das vermögt ihr auch.
4. Treibt an schöne Gaben, lasst quellen ihr beide die Gedanken, empor treibt Reichlichspenden – das begehren wir.

Die eine Schwester überlässt der anderen Schwester den Schoß Tag für Tag

1. NACHT und MORGENRÖTE (und) die beiden göttlichen Rufer der Götter und Opfergusspriester lasse (als) erste herab ich streben Morgen um Morgen.
[die beiden göttlichen Rufer der Götter und Opfergusspriester: die beiden AŚVÍN?]
2. Von den wohlbekannten, uraltehrwürdigen Schwestern geht die spätere der früheren nach vom Rücken her (von hinten); die (eine) Schwester überlässt der (anderen) Schwester den Schoß Tag für Tag.
3. Entgegen uns ist jetzt die wohlbekannte Frau MORGENRÖTE aus (ihrer) Schwester heraus (kommend) erschienen, des HIMMELS Tochter, die aus dem Pferch geborene; weithin breitet sie nun sich aus, erfüllt des Vaters (und der Mutter) Schoß (beide Schöße).
4. Mögen jetzt aus Mutter MORGENRÖTE (als) die sieben Seher geboren wir werden, (als) die ersten Seher unter die Männer!

Drei Göttinnen fliegen um den flammenden herum, begehren, dem WASSER-SOHN zu verschaffen Speise

1. Der WASSERSOHN scheint in den Grenzen der Wasser, ein Ordnungsmächtiger, seiner Lebenskraft niemals ermangelnder weithin, weithin.
2. Drei Göttinnen fliegen um den flammenden herum, begehren, dem WASSERSOHN, dem schmelzbutterprachtgewandigen Gott, zu verschaffen Speise.
3. Dieses sein Antlitz und das prachtvolle Wesensinnere, das geheime, des WASSERSOHNS wächst durch die reichlichen Nahrungsmittel der Göttinnen.
4. Den WASSERSOHN wollen jetzt entzünden die ewig jugendlichen (Frauen), die verschwisterten, gemeinsam hier, suchen zu gewinnen ihn, suchen heraufzuführen ihn aus den Wassern.

[die ewig jugendlichen (Frauen), die verschwisterten: die Finger]
5. *Du*, o AGNÍ, wirst aus Pflanzen, *du*, der Männer Männerherr, geboren (als) reiner, (als) Befestiger des Alls.
6. Fernhin leuchtet AGNÍ, der sieben Rufer der Götter und Opfergusspriester besitzt, sobald in (seiner) Mutter Schoß er aufgeflammt, an (ihrem) Euter.
[(seiner) Mutter: der MORGENRÖTE]
7. Sieben Schwestern, feuerfarbene, bringt aus dem Euter, dem süßen, hervor er – zum Sehen wahrlich.
[sieben Schwestern: die Strahlen der MORGENRÖTE]
8. Er soll uns, AGNÍ, führen zu der Gabe, die sein, die durch wirkmächtiges Denken unsterblicher Hervorbringer in der Urzeit war herbeigeschafft worden durch Vater HIMMEL (als) Zeuger, die wahrhaftseiende, o Bulle!
[die Gabe, die sein: die Sonne]
9. Auf nun geht in gleicher Weise wie immer der Aus-dem-Dunkel-Hervorholer der Geborenen, die mächtige Fackel des SONNENGOTTS, der die (allen) gemeinsame Seihe herzu zu drehen strebt, die die Enden des Himmels erlangen wird.
[der Aus-dem-Dunkel-Hervorholer der Geborenen: die Sonne]
10. O Gott, o Rufer der Götter und Opfergusspriester, (als) Ergötzlicher, (als) Aufmerksamer sollst du die großen Götter (und) HIMMEL-UND-ERDE hierher fahren!
11. AGNÍ, den Rufer der Götter und Opfergusspriester, erachte ich für (meinen) Vater, den AGNÍ für (meinen) Verbündeten, AGNÍ für (meinen) Bruder, ohne Unterlass wahrlich für (meinen) Freund.
12. Und die Herdentiere und die feststehenden (Geschöpfe) hüte, o AGNÍ!

Sobald du zusammenführst Männer zum Kampf, wirst als Vater du gerufen, o ÍNDRA!

1. In Versen gedrechselt zu Leben wollen dem Männerherrn erstrahlen wir lassen ein erstrahlendes Wort, dem Herrn, dem Bezwinger des VṚTRÁ.
2. Aufgestemmt hast du Erde (und) Himmel vor dem Angesicht deines Bruders RUDRÁ, dessen Söhne, o Gabenreicher, hast sichtbar du gemacht.
3. Der Wasser Führer (ist) ÍNDRA, der himmlischen, der irdischen.
4. Sobald du hervorbringst (dein) Brüllen, führst zusammen du Männer, die kämpfen, ein Erschläger in Schlachten; da sogleich wirst als Vater du gerufen, o des ERSCHÖPFERGEISTES Töter!
5. Ermutiger sei des Götterliebenden, des Ausgezehrten Ermutiger, des Priesters, o ÍNDRA!
6. Mögest du genießen des GANDHARVÁ Bullen, o ÍNDRA, die rasch dahineilenden, die den Läuterer erquicken.
[des GANDHARVÁ Bullen: die Somasaftströme]
7. Erquicker dessen, der ausgepressten Soma bereithält, (ist) ÍNDRA.

Ihr führt den Sterblichen voran hier auf Erden durch euer Denken, o ihr MARÚT!

1. Die blitzende Schar, die mächtige, die im Gewittergewölk donnert, die wirkmächtigen Denkens mächtige lobe dir, o Sänger, die Leben wirkende Gabe bereithaltenden Mannen bring zur Ruhe durch ein Erhöhungslied!
2. *Ihr* führt den Sterblichen, o ihr, die ihr PŔŚNI zur Mutter habt, voran hier auf Erden durch (euer) Denken, hört seine Rufe.
3. Allesgewahrende, mit Reichtümern zusammen zu sein liebende, haben die Schützen den Pfeil sich gesetzt in beide Hände.

4. Welche mir die PŔŚNI verkündeten (als ihre) Mutter, kündeten jetzt (als ihren) Vater den RUDRÁ.

Was auch immer als Sünde wir getan, löse das, o VÁRUṆA!

1. (Tám-ū sú samanâ girâ pitr̄ṇâm-ca mánmebhis śáṃsāmi praṇetâram dhartâram bhúvanānām Váruṇam, uṣási yás mâtā pūrvyám Víṣṇos padám.) Ihn nun lobrede zu Leben in gleicher Weise wie immer ich: mit Erhöhungsgesang und der Väter Gedichten, den Voranführer, den Festumfassthalter der Wesenheiten, VÁRUṆA, der zur Zeit der Morgenröte des VÍṢṆU östlichen Fußabdruck durchmisst.
2. (Nápātā śávasas mahás putrâ Dákṣasya sukrátū iṣás vâstu ádhi kṣitás; varṣáyetam tásmād mānavébhyas!) Die beiden Söhne der Stärke, der großen, die beiden Söhne des DÁKṢA, die beiden von Leben wirkender geistiger Kraft bewohnen des Lebenssaftes Wohnstätte; möget ihr aus ihr (es) regnen lassen für die Menschenkinder!
[des Lebenssaftes: des Regens]
3. (Trî rocanâ, Váruṇa!, trîn utá dyûn trîṇi, Mítra!, dhāráyathas rájāṃsi.) Die drei Lichtsphären, o VÁRUṆA, und die drei Himmel(ssphären), die drei Luftsphären, o MITRÁ, haltet fest umfasst ihr beide.
4. (Yád sákhāyam bhrâtaram nítyam, Váruṇa!, yád-cid énas ákarma, śratháya tád!) Was einem Seherfreund, einem Bruder, einem im Lande Geborenen, o VÁRUṆA, was auch immer (als) Sünde wir getan, löse das!
5. (Yé îśate bhúvanasya prácetasas víśvasya sthātúr jágatas-ca, té-nas stotr̂n énasas pári adyâ, dévāsas!, pipr̥tâ!) Welche Herrscher sind über die ganze Welt, aufmerksame, über das Feststehende und das Gehende, fahrt ihr uns, die Lobsänger, aus Sünde heraus heute, o Götter!
6. (Mâ dípsat asmân, mâ héḻe bhūmá Váruṇasya Vāyós mâ Mitrásya priyásya nr̥ṇâm!) Nicht soll er suchen *uns* zu betören, nicht unter dem Zorn wollen wir sein des VÁRUṆA, des VĀYÛ, nicht des MITRÁ, des feudespendenden unter den Männern (der Männer)!
7. (Yébhyas havís prathamám áyajata Mánus mánasā saptá hótr̥bhis, té, âdityās!, ábhayam śárma yáchata rakṣitâras-nas ná!) Denen Opferguss, ersten, opferte MÁNUS im Geist gemeinsam mit sieben Rufern der Götter und Opfergusspriestern, ihr, o Söhne der ÁDITI, (euren) furchtabwehrenden Schutzschild reicht dar als unsere Wächter!

Der Welt Vater, RUDRÁ, will gedeihen ich lassen

1. Idám pitré Marútām ucyáte ukthám, svādú prá īráyāmi Rudrâya máyas.
2. Bhúvanasya pitáram gīrbhís ābhís Rudrám dívā vardháyā Rudrám aktáu!
3. Mātâ Rudrâṇām duhitâ Vásūnām svásā ādityânām amŕtasya nâbhis Pŕśnis várdheta!
4. Mâ-nas mahás utá mâ-nas árbhān mâ-nas úkṣatas mâ-nas vádhīs pitáram mâ utá mātáram!
5. Yás śukrás-iva sûryas híraṇyam-iva rócate śréṣṭhas devânām, púras áti yás vidyútas vartáyati, vásus śám-nas kárati áśvāya meṣâya nŕbhyas vardháyet gâm!
6. Mr̥ḻáya jaritré!, Rúdra!

Parvan 82

Strahlen der MORGENRÖTE aus dem Süßen hervorgeholt

1. Die sieben Schwestern, die feuerfarbenen, hat aus dem Süßen hervorgeholt, zum Sehen wahrlich, AGNÍ.
[Schwestern: Strahlen der MORGENRÖTE; aus dem Süßen: aus der Schmelzbutter]
2. Nun sind die Kühe der jungen Frau, der Zudenkung des AGNÍ gemäß, fortgeeilt.
[Kühe: Strahlen der MORGENRÖTE]

3. Der schmelzbutterprachtgewandige Gott hat die Erde befestigt und die Himmelin dort: Welchem Gott dürfen mit Opferguss wir dienen?
4. Voran den zu Reichtum zu führen du wünschst, der Sterbliche, der dir, o Lichter, Opfer darbringt, der bekommt einen (Sohne)mann, o AGNÍ. *Du* ja bist stärkender Nahrung, *du* des Reichtums Herr.

Wie Kühe ins Dorf so soll zu uns herabfahren SAVITÁR!

1. Wie Kühe ins Dorf, wie die Kuh zum Kalb, die von Leben wirkendem Geist, wie der Mann zur Frau (so) soll zu uns herabfahren der Festumfassthalter des Himmels, SAVITÁR, der Mutter (und Vater) fest umfasst hält!
2. Wo gemacht die Unsterblichen den Weg ihm, fliegt er wie der Aar die Bahn entlang nun, ein Aus-dem-Dunkel-Hervorholer.
3. Des SONNENGOTTES Wirkkraft sieh in (ihrer) Größe: Heute früh ist gestorben der schimmernde Mond, gestern Abend hat er (noch) geatmet rings, gestorben sind die Gestirne.
4. Was wir getan (als) Böses vor dem göttlichen Volk, und vor Göttern, o Läuterer, und vor Menschenkindern: *Du* hole uns aus Sünde heraus, auf dass wir frei von Unrecht sind!

ÍNDRA aufschließend der Wasser Öffnung

1. Des ÍNDRA Taten will nun ich verkünden, die getan (als) erste der keulenbewehrte Täter wirkmächtigem Denken entspringender Taten.
2. Zu ÍNDRA seid ihr geeilt, o ERQUICKUNGEN, auf dass der keulenbewehrte des VALÁ Pferch aufschlüge.
3. Der Wasser Öffnung, die hat er, nachdem den VṚTRÁ zerschmettert er hatte, aufgeschlossen.
4. „Ich ließ auf die, die den VṚTRÁ zum Sohn hatte, herabfahren (brachte herab) die Keule (als) Töter", spricht ÍNDRA.
5. Wer uns das Lebensnass zu beschädigen sucht, wer der Rosse, wer der Kühe, wer (unserer) Leiber (Lebensnass), auf den schleudere (deine) Waffe, (als) auf einen ÍNDRA als Bezwinger habenden, bringe ihn zur Ruhe!
6. Seit der Urzeit wahrlich erschöpfen sich (auch) nach und nach nicht die Reichtümer in *deiner* Hand, o Wirker Leben wirkender Wundertaten!

BṚ́HAS PÁTI Befreier der Kühe des VALÁ

1. Heraus brachte den Süßtrank BṚ́HAS PÁTI, nachdem durch lautes Brüllen er aufgeschlossen den Finsternisstein; *du* brachtest die Kühe des VALÁ aus dem Finsternisstein heraus.
2. BṚ́HAS PÁTI hat wahrlich das All, die Erde und den Himmel (als) *einer* befestigt.
3. Was er getan hat, wird er nicht wieder tun, solange Sonne (und) Mond aufgehen werden.

Einen weiten Pfad hat König VÁRUṆA der Sonne zum Entlanggehen gemacht

1. Einen weiten Pfad hat König VÁRUṆA der Sonne zum Entlanggehen gemacht; welcher gewahrt der Vögel Fährte, die in den Grenzen des Zwischenraums fliegen, gewahrt ja auch des Nachens Pfad, begibt sich selbst auf den Nachen der Wasser des Himmels.
[des Nachens: der Sonne]
2. Die dein, o PŪṢÁN, die dein, o VÁRUṆA, die Nachen, wandeln inmitten des (Himmels)ozeans, goldene, im Zwischenraum Tag für Tag.
3. Von (seinem) Nachen aus sieht auf all die Werke der Menschenkinder VÁRUṆA, ein Wächter des Feststehenden, des Vierfüßigen, des Zweifüßigen.
4. *Mich*, den VÁSIṢṬHA wahrlich, setzte VÁRUṆA in den Nachen, mit Nachen fuhren wir beide über des Himmels Ozean hin, zum Lobsänger hatte er mich gemacht, (für) solange die Himmel sich dehnen werden, (für) solange die Morgenröten.

5. Doch Sünde habe ich getan, o VÁRUṆA, Sünde hat mich von dir (weg)getrieben. Erweise Gnade, o VÁRUṆA, ermutige deinen Sänger, o Ermutiger! O ÁDITI, o du, die Könige du als Söhne hast, Götter als Söhne hast, begehre zu verschaffen Lebenskraft (dem,) der *dir* zu Lebenskraft verhilft!
6. Was einem Seherfreund, einem Bruder, einem im Lande Geborenen, o VÁRUṆA, was auch immer für Unrecht wir (ihnen) getan, löse das!
7. Oh dass wir wieder besteigen beide, (ich) und VÁRUṆA, den Nachen! Oh dass voran mitten auf den (Himmels)ozean wir beide treiben den Nachen!
8. Mögen auf der kosmischen Ordnung, o MITRÁ (und) o VÁRUṆA, Pfad, (auf) euer beider (Pfad) – wie Wasser mit einem Nachen – Unwegsamkeiten wir durchfahren!
9. Zu Reichtum erwecke zu Leben ich mir euch beide, zwei Herbeiführer von Reichtümern.
10. Hundert wahrlich Erntezeiten begehrt zu verschaffen ihr uns, o Götter, in deren Verlauf (wo) ihr uns das Greisenalter der Körper bereitet. Nicht will ich (während dieser) von deinem Reichtum, o König, herabsteigen.
11. Dem MITRÁ, dem VÁRUṆA, den beiden Voranführern, deren Schmuck das geordnete Weltall, habe ich hervorgebracht zu großer Freude diesen rings erschallenden Lobgesang.

Lass regnen, herab den Regen lass strömen, o PARJÁNYA!

1. Lass regnen, herab den Regen lass strömen, o PARJÁNYA, lass schwellen die Flüsse, die den Ozean zum Ziel haben, donnere! Welches Nass im Himmel hervorgebracht haben MITRÁ (und VÁRUṆA), mit dem begieße die Erde hier! Lass wachsen die Pflanzen! Lasst schwellen ihr beide die Kühe!
2. Welche Kühe gleichfarbige, einfarbige, deren Namen AGNÍ kennt, welche die Priester der Urzeit unter Schmerzensglut hierher geschafft, über die, o Erquicker, (deinen) mächtigen Schutzschild streck aus!

Den Finsternisfels schlossen die Männer durch das Wort auf, den kuhreichen, die kühebegehrenden

1. (Ádrim dṛḷhám náras prámatyā vācâ dáivyayā vrajám gómantam uśíjas ápa vavrúr ávivāsan gâs viravéṇa.) Den Finsternisfels, den festverschlossenen Pferch, schlossen die Männer durch vorzügliches Denken, durch das Wort, das göttliche, auf, den kuhreichen, die kühebegehrenden: Sie suchten zu gewinnen die Kühe durch lautes Brüllen.
2. (Rāyás áśmavrajasya durás ví áṅgirasas ájānan.) Des Reichtums, der den Finsternisstein als Pferch hatte, Tore kannten die Priester der Urzeit genau.
[des Reichtums: der Strahlen der MORGENRÖTE; Pferch: Verwahrungsort; Tore: den Reichtum aufschließende Worte]
3. (Cakrúr divás mahás gātúm asmé áhar súar ávidan ketúm usríyāsās.) Sie haben gemacht des Himmels, des großen, Weg uns, den Tag, das Sonnenlicht fanden sie, die Fackel der rötlichen Kuh.
4. (Suṣṭutyâ uṣásas â sasrúr Ródasī â cakára, yé surétasā mātárā bhûma cakrátur urú prajâyai.) Durch Leben wirkenden Lobgesang sind die Strahlen der MORGENRÖTE herbeigeeilt, habe ich HIMMEL-UND-ERDE herbeigeschafft, die beide, Leben wirkenden Samen hervorbringend (als) Mutter (und Vater), die Erde weit machen für (ihre) Nachkommenschaft.
[Leben wirkenden Samen: Sonnenstrahlen; für (ihre) Nachkommenschaft: für alle Wesen]

Wenn die Schwarze bei den Feuerfarbenen sitzt, rufe ich euch, o ihr AŚVÍN!

1. Yád kṛṣṇâ râtrī góṣu aruṇîṣu sîdat, Áśvinau!, vívakmi-u-vām Divás nápātau, Uṣásam â huvé mātáram.
2. Ápa vavráthur jyótiṣā támas, támohanā!
3. Khyát-nas-u rāyás Uṣâs! Rāyé-tvam hí ájīgar duhitâ Divás.

4. Úṣas!, yád agním sam-ídhe cakártha ví yád uchási ákṣṇā Sûryasya yád mânuṣān ájīgar: Tád devéṣu cakártha tmáne bhadrám ápas.
5. Gávām jánitrī: Ádha ketúm prá cakâra cákṣus Agnés.

Parvan 83

Du hast dir, o MORGENRÖTE, vor den Göttern verschafft ein lichtvolles Werk

1. O MORGENRÖTE, indem das Feuer gemeinsam zu entzünden du hast veranlasst, indem weithin du leuchtest mit dem Auge des SONNENGOTTES, indem die Menschenkinder hinaufzuführen du begehrst in dessen Lichtflut, dadurch hast vor den Göttern du verschafft dir ein lichtvolles Werk.
2. Die beiden RUDRÁ auch, die lichten, erwecke ich mir zu Leben durch eines Löwen lautes Brüllen in der Frühe, die aus der MORGENRÖTE hervor ihr eilt auf hundertrudrigem Nachen als des HIMMELS beide Söhne, zwei Erquicker.
[die beiden RUDRÁ: die beiden AŚVÍN]

SAVITÁR hat das Dunkel aufgeschlossen

1. SAVITÁR hat das Dunkel aufgeschlossen, goldene Lichtflut hervorgebracht, (sie) aufgerichtet für das Feststehende, für alles, was sich regt.
2. Sobald SÓMA, begehrend zu sehen die Erde, Tropfen seiner ersten Erscheinungsform nach (als erster), der Zudenkung der Dichter gemäß zum (himmlischen) Ozean gelangt, verschafft auch er sich freudespendende Ausdrucksformen.
[freudespendende Ausdrucksformen: die Sonnenstrahlen]
3. Der, dem die Seihe Wagen, der Aus-dem-Dunkel-Hervorholer (und) das Kalb: *Ihr* drei habt über Himmel und Erde euch hinausgetragen, *euer* sind des Himmels Lichter, des SONNENGOTTES Nachen.
[der, dem die Seihe Wagen: SÓMA; die Seihe: die Schafwollseihe, durch die der Somasaft abfließt, und die Sonne; der Aus-dem-Dunkel-Hervorholer: SAVITÁR; das Kalb: AGNÍ; des Himmels Lichter: die Sonnenstrahlen]

BŔHAS PÁTI des VALÁ Kühe herbeischaffend

1. BŔHAS PÁTI schaffte des VALÁ Kühe herbei, deren Pferch der Finsternisstein – wie das Gewittergewölk der Wind.
[des VALÁ Kühe: die Strahlen der MORGENRÖTE]
2. Mit den Kühen führte er zusammen, nachdem er zu diesen gelangt war, die Priester der Urzeit.
3. Mit innerem Auge habe ich geschaut deine wirkmächtigem Denken entspringende Tat, o Ins-Sein-Setzer der Kühe, o Befestiger des Himmelsgewölbes!

Du, o VÁRUṆA, und ich sind mit der Schaukel über den Himmel hin geflogen

1. Der gewitzte König VÁRUṆA, der zur Zeit der Morgenröte des VÍṢNU östlichen Fußabdruck durchmisst, hat geschafft, (noch) vor Mittag, die Schaukel dort an den Himmel, die goldene, auf dass sie prunke wahrlich am Himmel; Glanz bei den Menschenkindern hat er sich verschafft, Glanz *er* durch (seines) Auges Glanz.
[Glanz: Ruhm; (seines) Auges: der Sonne]
2. Selbst bei Nacht, wenn MITRÁ (und VÁRUṆA) ihr Auge schließen, ihre Schaukel nicht sichtbar (ist), halten die beiden, zwei Wächter, Schauung mit innerem Auge, zwei mit Opfergaben zu erquickende.
[ihr Auge: die Sonne]
3. „*Du*, o Váruṇa, und *ich* sind mit der Schaukel über den Himmel hin geflogen, mit dem Nachen – (als) Freunde: Löse (meine) Sünde, verhilf zu Lebenskraft, ermutige (mich), auf dass die Sonne wieder aufgeht für *mich*“, spricht VÁSIṢṬHA.

4. Der Sonne Götter seid ihr beide, des Regens auch: Für PARJÁNYA lasst Schmelzbutter schwellen ihr beide; jedes Wesen fürchtet sich vor ihm, wenn er umherfliegt mit (seinem) Wagen, dem wasserreichen.
[Schmelzbutter: Regen]
5. Möchte ich gewahren, o ihr Söhne der ÁDITI, vom Nass des Regengewölks zur ordnungsgemäßen Zeit, von eurer Erquickung, (eurem) Reichtum, der, o ARYAMÁN, bei Sonnenglut wahrlich eine Wonne ist!

Die MARÚT, bei deren Kommen ich mit beiden Armen mich festhalte

1. Jetzt sind herbeigeeilt die MARÚT, bei deren Kommen *ich*, ein Menschensohn, mit beiden Armen mich festhalte, Stein (und) Fels selbst sich festhalten – wegen des Ingrimms der ewig Jugendlichen.
2. Die hervorprunken wie Frauen, des RUDRÁ Söhne, die Leben wirkende Wunderwerke wirkenden: HIMMEL-UND-ERDE (Akk.) machen die MARÚT gedeihen, die Flure blühen durch ihre Fürsorge.
3. Geeilt seid ihr, o (meine) Lebendigsichtbares wirkenden Dichterworte, zu denen, die PŔŚNI zur Mutter haben, auf dass ihr (sie) lobredet, auf dass mit Nass die Erde sie füllen, mit (ihren) Erquickungen.
[mit (ihren) Erquickungen: mit den Regenwassern]

Ein Mensch fand AGNÍ, der zur Sonne sich begeben

1. (Gómātā śukrébhis bhûris bāhúbhis asmé dīdâya ghṛtánirṇik apsú.) Der eine Kuh zur Mutter hat, leuchtet mit flammenden Armen (als) reichlicher uns, der schmelzbutterprachtgewandige, in den Wassern.
[eine Kuh: die MORGENRÖTE]
2. (Sákhāyas-tvā, vídhātar ródasyos!, vavṛmáhe devám mártāsas ūtáye Apâm Nápātam subhágam anehásam.) Seherfreunde haben dich, o Auseinandersetzer von Himmel-und-Erde, wir gewählt uns, den Gott Sterbliche zur Erquickung, den WASSERSOHN, den Leben wirkende Reichung reichenden, den vor Anschlägen seitens Dämonen schützenden.
3. (Tvâm yád ásiṣāsan, prá Marútas jaritâras jabhriré yajñíyāsas sanâd; vidát mánus Agním yajñíyam devám, padé paramé yás ásthāt.) Als *dich* zu erlangen sie suchten, trugen die MARÚT, die Sänger, hinweg sich, mit Opfergaben zu erquickende, in der Urzeit; (doch) ein Mensch fand AGNÍ, den mit Opfergaben zu erquickenden Gott, der sich zum höchsten Fußabdruck begeben hatte.
[höchster Fußabdruck: die Sonne]
4. (Śáye idám yás óṣadhīs ánu své â dáme yásya dhenús, ánnam subhú vívāsati; yad-â svadhâm pīpâya vatsás, mamâra candrámās bhiyásā, Ródasī-cid bibhyátur-asmād.) Der jetzt über Pflanzen hin liegt, wessen in seinem Temenos eine Milchkuh, sucht Speise, die zu Leben ist, zu erlangen; sobald die ihm eigentümliche Kraft schwellen lässt das Kalb, stirbt der schimmernde Mond aus Furcht, HIMMEL-UND-ERDE gar fürchten sich vor ihm.
[eine Milchkuh: reichlich Schmelzbutter]
5. (Drapsâs yád-te yavasâdas viṣṭhātâras sugâs gātávas ráthebhyas-te, śóciṣkeśa!, ádha svanâd-te utá bibhyúr váyas; sákhāyas tú táva ná ríṣyâma vayám!) Wenn deine Funken, die grasfressenden, auseinanderstieben (sich auseinanderstellen), gutgangbar die Wege für deine Wagen, o Flammenhaariger, dann fürchten sich vor (deinem) Prasseln auch die Vögel; als Freunde *dein* jedoch werden *wir* nicht zu Schaden kommen.
6. (Yád śocís-te dyâm úd rukṣát, ádha vayám-cid bibhīmá, íti âha śyenás dhartâ ándhasas ṛṣvás.) „Wenn deine Flamme zum Himmel emporsteigt, dann fürchten sogar *wir* uns", spricht der Aar, der Festumfassthalter der Somapflanze, der hoch oben dahinwandelnde.

7. (Yád-īm Agním vánād â cakrúr kavâyas praṇetâras yád-īm gṛhé-gṛhe dīdâya, ádha dūtíam vivâya.) Wann immer den AGNÍ aus dem Holz herbeischaffen Seher, (ihn aus dem Holz) herausführende, wann immer er Haus um Haus leuchtet, dann führt er das Botenamt aus.
8. (Tvâm, Ágne!, Ádites sūnávas âs jihvâm tvâm śúcayas cakriré, védhas!, hótāram.) *Dich*, o AGNÍ, haben der ÁDITI Söhne zu (ihrem) Mund, zur Zunge *dich* die reinen sich gemacht, o Seher, zum Rufer der Götter und Opfergusspriester.)

Nicht einen der Sänger des reichen Protzen wählte zum Freund sich ÍNDRA

1. Ví pṛṣṭhâ-iva áśvānām jaritṝn áryas Índras cikâya, ná sákhāyam ávṛṇīta.
2. Sakhyám máma ámates kṛśásya stotúr dadhré rakṣohâ śátrus hantâ Vṛtrásya.
3. Udrî-iva avatás, vájrin!, dānâ pīpétha devayáve.
4. Ví vavṛṣé nūnám ayâs sániḻe; bhûmim cakṛṣé, kártar mâyām!, pratimânam mahnás páriṣṭutyā túbhyam.
5. Tanúam ví sasré Vâk máhyam Índrasya stotré – jánī-iva pátye, ávyata yâ nirṇíji rāyás.

Parvan 84

Die MORGENRÖTE gesalbt wie eine liebesverlangengeleitete junge Frau

1. Die wohlbekannte Tochter des HIMMELS leuchtet (uns) entgegen, weithin erstrahlend, eine junge Frau in flammendem Gewand.
2. Weithin erstrahlend mit den Strahlen des SONNENGOTTES in der Frühe salbt sich (mit) Salbe die lichte wie die zur Festversammlung gehende liebesverlangengeleitete Schar junger Frauen.
3. Gestorben sind die, welche die frühere MORGENRÖTE sahen erstrahlen (als erstrahlende), die Sterblichen, Lebende beschauen mit Wonne die junge Frau jetzt.

Hin begibt sich der SONNENGOTT zu den gewaltigen Fluren

1. Die MORGENRÖTE, die erstrahlende, hat gemeinsam mit dem (morgendlichen Opfer)feuer (ihr) *Licht*, der aufgehende SONNENGOTT (gemeinsam mit dem Opferfeuer seine) Licht*flut* weithin aufgerichtet.
2. Hin begibt sich der SONNENGOTT zu den gewaltigen Fluren, auf dass das Gerade in den Sterblichen und (ihre) verdrehten (Absichten) er sehe.
3. Des SAVITÁR beide Arme, die gewaltigen, goldenen, erreichen des Himmels Enden.
4. Nun wird den Göttern weithin verschaffen er Gabe, ließ Anteil haben den Seherdienst Tuenden an (seinem) Segen, ein Ermutiger.
5. Des SONNENGOTTES geistige Kraft gewahre in (ihrer) Größe: Heute früh (in der Frühe) ist gestorben der schimmernde Mond, der Wächter, gestern Abend hat rings geatmet er (noch).
6. SAVITÁR holt aus dem Dunkel hervor die Welt und bringt (sie) aus dem Sonnenlicht wieder zur Ruhe.

Die wie Berge selbstmächtigen MARÚT

1. Vor zu den durch Geburt Verschwisterten lass ich das große Leben wirkende Loblied ziehen, zu den ewig jugendlichen, blitzenden; die marutische Schar, o Sänger, ehre!
2. Euer Wagen auch soll gelobt werden, des einherfahrenden, zerbrechenden (Wagen) Größe, der im Gewittergewölk donnert.
3. Die wie Berge selbstmächtigen MARÚT, die mit feuerfarbenprächtigen Strahlen geschmückten, haben gewaltige Kraft sich verschafft, die schön geschmückten.
4. Wann immer Lust hat die Tochter des ÁSURA, zu umfangen einen der MARÚT, die RODASÎ, die von mannhaftem Geist, geht sie wie SÛRYĀ auf des (ihr) zu dienen Bereiten (des ihr Dienenden) Wagen.

5. Mögen den gewaltigen, den hoch oben dahinwandelnden RUDRÁ auch, dem zu Leben Leben wirkendes Denken, wir rufen, heiliger Satzung gemäß, den Schützen!

Ein Wunder, dass mit ihrem Wasser nicht füllen die sich hineingießenden Flüsse den einen Ozean

1. Fernhin dem Gemeinsamkönig will ein gewaltiges ich erstrahlen lassen, der Sänger, ein tiefes dem Herzen entquellendes Wort, ein freudespendendes, dem VÁRUṆA, der Leben wirkende Gnade bereithält.
2. Indem hervor das Himmelsgewölbe, das ragende, er stößt, das gewaltige, breitet aus er die Erde, ein Ins-Sein-Setzer.
3. Zwischen den beiden großen, gewaltigen, zwischen Himmel-und-Erde, den beiden wohlbekannten, (sind) alle (Dinge) deine Geschöpfe, o VÁRUṆA, freudespendende.
4. In den Grenzen des geordneten Weltalls, o MITRÁ (und) o VÁRUṆA, o ihr, die ihr das geordnete Weltall gedeihen lasst, habt geistige Kraft, gewaltige, ihr beide euch erlangt.
5. Die beide vom Himmel, dem gewaltigen, aus die Geborenen beschauen, zwei mit Verbeugung zu ehrende, haben sich niedergesetzt in den Nachen, den flammenden.
6. Die Augen schließend sogar halten, sich des inneren Auges bedienend, Schauung mit innerem Auge die beiden.
7. Es gewahrt VÁRUṆA des WINDES Bahn, des die Bäume zerbrechenden, weiten, hoch oben dahinwandelnden, gewaltigen, gewahrt (diejenigen), die darüber thronen.
8. Möge herabkommen, die Wasser, die Fluten niedergießend, der in deiner Botmäßigkeit, unser Vater PARJÁNYA, der Erquicker, der von Schmelzbutter strotzt! Möge er emportreiben das Lebendige, alles, was atmet, blüht!
9. An folgende wirkmächtigem Denken entspringende Tat nun auch, die große des seherischen Gottes, erkühnt sich niemand heran: (Die darin besteht,) dass mit (ihrem) Wasser nicht füllen, o PARJÁNYA, die sich hineingießenden Flüsse den *einen* Ozean.

O ÍNDRA, o SÓMA, stoßt fort die Zauberer, bindet nieder die im Dunkel Gedeihenden!

1. (Índram śáṃsiṣam hantâram Vṛtrásya!, apás yás áradat áubjat árṇāṃsi, rāyâm ānetâram.) ÍNDRA will ich lobreden, den Töter des VṚTRÁ, der die Wasser erfurchte, die Fluten band, den Herbeiführer von Reichtümern.
2. (Purás rujádbhis gúhā-cid, Índra!, váhnibhis ávindas usríyās ánu áṅgirobhis.) Mit Wolkenburgen aufbrechenden Wagenfahrern fandest im Verborgenen sogar, o ÍNDRA, die rötlichen Kühe du wieder, mit den Priestern der Urzeit.
[mit Wolkenburgen aufbrechenden Wagenfahrern: mit den MARÚT; die rötlichen Kühe: die Strahlen der MORGENRÖTE]
3. (Vṛtrám ávadhīt nadīvŕtam Índras ubján árṇāṃsi, yád sahásramūtis táviṣīṣu ávardhat.) Den VṚTRÁ, den Flusseinschließer, tötete ÍNDRA, band (bindend) die wallenden Fluten (in Flussläufe), indem er, (von Sehern) tausend Erquickungen empfangend, in (seinen) Kraftquellen gedieh.
4. (Índrau Sómau!, nudéthām rakṣásas ubjátam ní tamovŕdhas śṛṇītám acítas!) O ÍNDRA (und) o SÓMA, stoßt fort ihr beide die Zauberer, bindet nieder die im Dunkel Gedeihenden, zerschmettert die ohne inwendige Schauung!

Ein Mensch fand AGNÍ – alle Unsterblichen nicht

1. Asmé vatsám ná vindán ichántas víśve amŕtās ámūrās.
[vatsám/Kalb: AGNÍ]
2. Kás ávidat Agním, yás majmánā tásya, yádániti, ni-miṣatás sthātúr víśvasya jīvásya ékas íd râjā?

3. Mánus vidát Agním yajñíyam devám, yád padé paramé ásthāt.
[padé paramé / zu dem Fußabdruck, dem höchsten: zur Sonne]
4. Mahî dyâvā pṛthivî bhávatām ihá bṛhatî, yad-â návat ukṣâ évais, yásmād śyenâs-cid bibhyúr.
5. Yé yajñíye bṛhádbhis várūthais sajóṣe, Ródasī!: Pātám asmân!
6. Pūṣâ-nas, Ágne sûno!, pâsi vidhatás túbhyam tmánā táva.

Parvan 85

In schwarzen die NACHT, die MORGENRÖTE in hellleuchtenden Farben

1. Vor bringt das Göttergewinnungslied, mit dem unsere uraltehrwürdigen Väter, ihre Stimme erstrahlen lassend, die Priester der Urzeit, die Kühe fanden!
2. Bald gelangten zu den rötlichen Kühen unsere Väter, die kosmische Ordnung erkündende, zu der die kosmische Ordnung einspannenden jungen Frau.
3. In schwarzen die NACHT, die MORGENRÖTE in hellleuchtenden Farben: (So) wandeln die beiden herbei, die eine, die andere.
4. Zu dem hellleuchtenden Kalb, (ihrem) Sohn, ist die Hellleuchtende gekommen.
[Kalb: Opferfeuer; die Hellleuchtende: die Morgenröte]
5. SÓMA der auf dich, (die du) am Himmel, o MORGENRÖTE, (sein) Denken setzt, raunt, fort (zu ihr hinauf) strebend: „Jene (ist) unser Nabel, höchster."

Gefunden habe ich eine Milchkuh, eine zu ÍNDRA wandelnde

1. Gefunden habe ich eine Milchkuh, eine zu ÍNDRA wandelnde: Für *dich* habe ich (sie) herbeigeschafft, den Wirker Leben wirkender Wunderwerke, der in die Kühe, die schwarzen, die Milch du gelegt hast, die weiße.
[eine Milchkuh: ein Gedicht]
2. Den VṚTRÁ hast du zerschmettert mit der Keule: Der des ÍNDRA ebenbürtiges Gegenstück zu sein hatte gesucht, legte sich vielerorts – auseinandergeschleudert.
3. Es erschlägt die Zauberer der Männerherr, der die Keule trägt, bindet den Nichtseiendes Kündenden.
4. *Du* brachtest den großen Fluss für TURVÎTI, für VAYÍA zur Ruhe durch Verbeugung, den sich ergießenden, die sich regende Flut.
5. ÍNDRA belebt den (Stiere für ihn) Bratenden, den, der (ihm) redet zu Lob, durch Erquickung.
6. Der dem Bratenden wahrlich du schlägst und schlägst heraus (herbei) Kampfpreis: Du, o ÍNDRA, bist gewiss wahrhaftseiend.
7. Du wahrlich nun, o König, herrschst über die Wesenheiten.

VÁRUṆA kennend der Vögel Fährte, kennend auch genau die Fährte des Nachens

1. Den MITRÁ rufe ich mir, der von geläuterter geistiger Kraft, und den VÁRUṆA, vor dem die Zauberer sich fürchten, die beide (meine) Dichtung geradewegs (ihrem) Ziel zuführenden.
2. Dem MITRÁ verhilf zu Lebenskraft, dem VÁRUṆA, die beide den (sie) mit Opfergaben Erquickenden, Gemeinsamkönige, mit Geist füllen, deren beider Lichtgebilde in den Grenzen der Himmelsfeste leuchtet, das gewaltige.
[Dem MITRÁ verhilf zu Lebenskraft: Selbstanrede]
3. Der genau kennt der Vögel Fährte, die in den Grenzen des Zwischenraums fliegen, kennt auch genau (die) des Nachens.
[des Nachens: der Sonne]
4. Über das zu des Regens weiter Flut nach und nach wachsende Nass wacht ihr beide.
5. Die beiden Söhne der ÁDITI, die weiten, unbetrügbaren, zu betören suchenden: Im Innern der Menschen schauen (sie) die verdrehten (Absichten) und die geraden.

6. Hinweg soll die AGNÍ verzehren mit (seiner) Flamme, die dahinschwinden machen die Gesetze des VÁRUṆA, die freudespendenden, des MITRÁ, des (aufmerksam) schauenden, die feststehenden!
7. Der du herrschst über das All, o König, aufmerksamer, sollst *uns* die Sünden lösen, o VÁRUṆA!
8. Frei von Unheilsmächten, am Süßtrank uns ergötzend, auf des Sohnes der ÁDITI Willen zuwohnend, mögen *wir* in des MITRÁ Leben wirkendem Geistesgewirken sein!

Seher haben das Dunkel aufgeschlossen, brachten den SONNENGOTT rings zur Erscheinung

1. Ádr̥śram Sûryasya ketávas makṣúas raśmáyas ví mártyān ánu bhrâjantas agnáyas-yathā.
2. Úd-u éti purutrâ samanâ prasavītâ jīvânām br̥hán ketús Sûryasya samānám pavítram pari-ā-vívr̥tsatas, aśnávat yád ántān dyós.
[pavítram/Seihe: Sonne]
3. Kaváyas támas ápa vavrúr rátham ā-tíṣṭhantam Sûryam pári víśve ábhūṣan; ví jánān ákhyan áśvās rátham váhantīs.
4. Anantám rúśatī anyâ nirṇík Sûryasya kr̥ṣṇâ anyâ.

AGNÍ des Alls Nabel, des Wandelnden und Festen

1. (Trimūrdhânam saptáraśmim gr̥ṇīṣé Agním pitrós-asya upásthe sîdantam cáratas dhruvásya yónau sîdantam, víśvā yás makṣû divás rócanā pr̥ṇácat.) Den dreihäuptigen, siebenzügeligen erhöhe ich, AGNÍ, den in seines Vaters (und seiner Mutter) Schoß sitzenden, in dessen, was wandelt, was feststeht, Schoß sitzenden, der bald alle Lichtsphären des Himmels erfüllen wird.
[seines Vaters (und seiner Mutter) Schoß: des HIMMELS und der ERDE Schoß]
2. (Námas yás áyukta, váhantam námas Agním yajñíyam dhîrās sanâd padáis ánu gmán gúhā kṣiyántam.) Dem, der Verbeugung sich eingespannt, dem Verbeugung fahrenden AGNÍ, dem mit Opfergaben zu erquickenden, gingen Denkmächtige in der Urzeit anhand (seiner) Fußabdrücke nach, dem im Verborgenen thronenden.
[Verbeugung: Loblied]
3. (Dhenûs devîs â tíṣṭhati Agnís prātár svādú váhantīs r̥ṣvâs.) Zu den Milchkühen, Göttinnen, steigt AGNÍ empor in der Frühe, zu den Süßes fahrenden, hoch oben dahinwandelnden.
[Milchkühen: Strahlen der MORGENRÖTE; Süßes: ihr Licht]
4. (Â áśvās Agnís árohat bhávantīs pátis rayivít rāyâm.) Empor zu den Stuten ist AGNÍ gestiegen, den ins Dasein tretenden (erscheinenden), der Herr, der Reichtumsfinder von Reichtümern.
[Stuten: Strahlen der MORGENRÖTE]
5. (R̥tásya-tvā, Ágne!, sádmani yás khyás, pári ékā dîyati gáus ghr̥tám ánnam váhantī.) Um dich, o AGNÍ, der an der kosmischen Ordnung Sitz du aufflammst, fliegt die eine Kuh, Schmelzbutter (als) Speise fahrend.
[der kosmischen Ordnung Sitz: Seheropferstätte; Kuh: Schmelzbuttergefäß]
6. (Ágne!, gâm máhyam yájate sâdha!) O AGNÍ, eine Kuh führe *mir*, dem (dich) mit Opfergaben erquickenden, geradewegs zu!
7. (Víśvasya nâbhis cáratas dhruvásya Agnís.) Des Alls Nabel, des Wandelnden, des Festen (Nabel ist) AGNÍ.

Parvan 86

Die MORGENRÖTE Tote nicht wieder erweckend

1. Weithin erstrahlt ist die das Lebendige emportreibende, die Menschenkinder, welche auch immer gestorben, nicht wieder erweckende MORGENRÖTE.

2. Für die dürftig Sehenden, auf dass rings sie besehen die Welt, hat die MORGENRÖTE die Lichtflut weithin schwellen lassen.
3. Welche die kosmische Ordnung hütend, im geordneten Weltall geboren Hassmächte fernhält, ist hier (und) heute weithin erstrahlt, die wohlbekannte MORGENRÖTE, die schöne Gaben vielerorts in Bewegung setzende.

Zehn Verschwisterte haben dem Stier zu Lebenskraft verholfen

1. Zehn Verschwisterte haben dem Stier zu Lebenskraft verholfen, dem hundertstromigen Urquell, dem allschaffenden, erkennen (vor ihm) sich verbeugend (ihren) Spross in ihm.
[zehn Verschwisterte: die zehn Finger]
2. HIMMEL (und) ERDE, die beiden wirkmächtigen Denkens mächtigen: Sie auch brachten zur Geburt den allmächtigen, (ihn) großzuziehen, (ihn,) der an den Opfergüssen sich labt.
3. Auf AGNÍ zu wandeln der die Götter Liebenden Gemüter – wie (aller) Augen gemeinsam zur Sonne (wandeln).
4. Die Erde zur Geburt zu bringen schloss der ALLSCHAFFENDE den Himmel auf in (seiner) Größe, befestigte die Erde, (er,) der gerichtet auf alles sein Auge, (er,) der alles beschaut.
5. O ihr Sänger, mit Geist fragt wahrlich, wahrlich nach dem, worauf der ALLSCHAFFENDE sich gestellt hatte, um die Wesenheiten fest umfasst zu halten!

Komm, o ÍNDRA, mit den des Kampfes Wort erstrahlen lassenden MARÚT!

1. Wie Götter liebende Seher das Gedicht (vom inspirierenden Gott sich) herbei(brüllen), brüllen den Lichtesfinder erhöhende Worte sich (herbei), den im Gewittergewölk laut brüllenden, mit Opfergaben zu erquickenden.
2. Komm mit den MARÚT, o ÍNDRA, den des Kampfes erstrahlendes Wort erstrahlen lassenden (MARÚT), die den Urquell fließen lassen, den donnernden, die *dich* lobsingen!
3. Sobald du hervorbringst (dein) Brüllen, o ÍNDRA, führst du zusammen Kämpfende zu Kampf, auf dass du herrschst über Kämpfende; da sogleich wirst als Vater du gerufen.
4. Mit zu Beistand Bereiten stößt ÍNDRA nieder die nicht zu Beistand Bereiten, bindet er die Zauberer, die bösen.

Nicht einmal die Vögel dort, o VÁRUṆA, die doch fliegen, haben deine Macht erlangt

1. Vor zu Leben bringt den beiden aufmerksamen, deren Gebote feststehend, gewaltige Verbeugung, Opferguss, Erquickung, Gedicht ihnen beiden, die Gnade erweisen, den süßen!
2. (Als) eines Wirkmächtigen mögen meine Gedanken zu den Söhnen der ÁDITI gehen, den wirkmächtigen, der Götter Geschlecht durch Freudespendendes gedeihen zu lassen.
3. Zwei Freunde, in lückenloser Geschlossenheit wie zwei Wagenrosse dahinschießende, (sind) VÁRUṆA und, der von Leben wirkender geistiger Kraft, MITRÁ.
4. Nicht ja deine Herrschaft, o VÁRUṆA, nicht (deine) Macht, nicht (deine) Tatkraft haben – nicht einmal die Vögel dort, die (doch) fliegen, erlangt.
5. Zu Leben erwecken will ich mir ÁDITI, die Götter als Söhne hat, die dichterwortfindende, das Wort aus (meinem) Herzen emportreibende Göttin.

Aus dem Dunkel hervor den SONNENGOTT sehend, haben erlangt wir das höchste Licht

1. (Yátrā cakrúr amŕtās gātúm-asmai, útse śyenás ná dîyan ánu éti pâthas samanâ makṣûs Sûryas.) Wo gemacht die Unsterblichen den Weg ihm, im Urquell wandelt er wie der Aar fliegend entlang (seine) Bahn in gleicher Weise wie immer, der baldige SONNENGOTT.
[Urquell: Himmel]

2. (Âpnot ṛṣvás bṛhatás ájrān ṛjú márteṣu vṛjinâ-ca páśyan sâdhan arcîṃṣi rúśanti devayádbhyas utá aghébhyas.) Erreicht hat der hoch oben Dahinwandelnde die gewaltigen Triften, Gerades in den Sterblichen und verdrehte (Absichten) sehend, geradewegs zuführend (seine) Strahlen, die hellleuchtenden, den die Götter Liebenden und den Bösen.
3. (Úd vayám támasas pári jyótis páśyantas úttaram Sûryam âpnuma jyótis uttamám.) Aus dem Dunkel hervor das Licht sehend, das höhere, den SONNENGOTT, haben *wir* erlangt das Licht, das höchste.
4. (Savitâ ni-veśáyan-ca pra-suván-ca bhûma.) SAVITÁR lässt und (sie) heimgehen schlafen und holt aus dem Dunkel hervor die Welt.

Nicht Gleiches mit Gleichem vergelten

1. Mâ-vas devébhyas práti tásmai vóce, yás devayántam hánti, sumnáis íd-vas, ámṛtās!, vívāse.
2. Subhágas nâma púṣyan śúcis.

Parvan 87

Zehn Hundertschaften Milchkühe sind hervorgetreten: Dies herrlichste der Lichtwunder habe ich gesehen

1. *Ihr beide* seid erschienen, o ihr zwei AŚVÍN, o ihr Baldigen, die ihr das weiße Ross, das siegreiche, dem PEDÚ gabt, das wie BHÁGA von Mannen anzurufende, das eine Wonne ist.
2. Zehn Hundertschaften Milchkühe sind gemeinsam hervorgetreten: Dies eine der Götter herrlichstes (ihrer) Lichtwunder habe ich gesehen.
[Milchkühe: Strahlen der MORGENRÖTE]
3. (Als) eine wahrlich durchstrahlt die MORGENRÖTE alles dies, eines wahrlich ist weithin geworden zu diesem allem.

Die Leiber der Priester der Urzeit durch den Dienst an AGNÍ zur Reife gebracht

1. Die Priester der Urzeit begaben sich (ihr) Denken darauf setzend (im Geist) zu dem Fußabdruck, dem fernsten, prachtvollen des AGNÍ, zu dem im Verborgenen seienden Namen.
2. Seit der Urzeit holen den in den Hölzern wohnenden Seher kraft der zehn Verschwisterten Seher aus dem Dunkel hervor, führen ihn geradewegs den Gott Liebenden zu.
3. Sobald drei Erntezeiten, o AGNÍ, *dich* wahrlich, den reinen, mit Schmelzbutter die Reinen hatten geehrt, empfingen Wesensausdrücke wahrlich, ehrwürdige, sie, süß wahrlich waren ihre, die zu Leben Geburt gehabt hatten, Leiber gemacht worden.
[süß: reif]
4. Seher, am meisten Freude spendender, ist AGNÍ ja der sieben priesterlichen Rufer der Götter und Opfergusspriester.
5. „Jeder Wesenheit, die hervoratmet, (jeder) die Augen schließenden (Wesenheit) bin ich durch (meine) Macht einziger König wahrlich, (jeder) sich regenden," spricht AGNÍ.
6. Dieses Gedicht gabst du *mir*, der den Opferguss du verzehrst, dem Sterblichen (als) von dir eigentümlicher Kraft erfüllter, dem Einfältigen (als) der gewitzte unsterbliche Sohn des alle Menschen umfangenden HIMMELS, (als) dahineilender Gott.

Die Wasser empfangend die Sonne als ersten Keim

1. Was denn war (das), was jenseits des Himmels, jenseits der Erde, jenseits der Götter, der lebendigen Götter als ersten Keim des Urquells Wasser (dort) empfingen, wo die Götter zusammenkamen alle?
2. Die Sonne wahrlich empfingen als ersten Keim die Wasser (dort), wo die Götter zusammenkamen alle.

3. Indem (ihr) Auge auf SÓMA sie richteten, setzten die Väter den Somasaft als der Sonne Keim in die Wasser des Himmels.
[die Väter: als Götter]
4. Des Lebenbegehrenden wahrlich Stützpfeiler, in welchen hinein Herrlichkeit die Priester der Urzeit gelegt, prachtvolle, steht in des ÁSURA Nest, an der Pfade Ende auf sicheren Grundfesten.
[Lebenbegehrender: AGNÍ; Stützpfeiler: Sonne; des ÁSURA Nest: Himmel]
5. Jeder ein anderes aus ÁSURA hervorgegangenes Lichtgewand (dem eigenen) Leib anlegend (am eigenen Leib tragend) haben die wirkmächtigen Denkens mächtigen Priester der Urzeit (dessen) Prachtgewandung angemessen (hineingemessen) dem SONNENGOTT (in den SONNENGOTT).
[Jeder Priester verleiht der Sonne die Farbfacette, die seinem Charakter entspricht, die Mischung aller Farbtöne ergibt das weiße Sonnenlicht.]

Des VÍṢṆU dreifachgesetzter Fußabdruck

1. VÍṢṆU hat diese lange Umlaufbahn, die Sonne und Mond erfüllen mit (ihrem) Licht, allein mit nur drei Schritten durchmessen.
2. VÍṢṆU setzt dreifachgesetzt (dreimal) nieder (seinen) Schritt.

Die gekochte Milch in den rohen Kühen

1. *Dich* will ich lobsingen, der du erfüllst die Erde, der hinaus über des Himmels Ströme du ragst durch (deine) Größe, o ÍNDRA!
2. Wann immer du regnen machst die Felsen der Wolkenburgen, die wie Wagen dahinfahren (alle) zugleich, (dann) bindest du die Wasser, die dahineilenden, auf dass sie fließen in den Grenzen der Ströme – *du*, der Stierkräfte du empfangen durch die MARÚT.
3. „In die rohen Kühe wahrlich legen wir beide die gekochte Milch, in die schwarzen die weiße“, sprechen ÍNDRA (und) SÓMA.
[gekocht: warm]

Die MARÚT herbeikommend aus fernster Ferne

1. Wer (Welche) seid ihr, o Herren, die (als) herrlichste einer nach dem anderen ihr hierher (herbei)gefahren seid aus fernster Ferne?
2. *Wir* sind die MARÚT, die Kuh zur Mutter habende; prunkvolle haben an (unsere) Leiber Schmuckstücke wir uns gelegt, goldene.
[die Kuh: PṚ́ŚNI]
3. In beide Hände habt den Pfeil ihr euch gesetzt, Schützen, allesgewahrende, mit Reichtümern zusammen zu sein liebende; alle Zauberer fürchten sich vor euch.
4. Auch *du*: Als Lichtflut, als Blitz stehst du (da), o RODASÎ, o am meisten Freude Spendende, auf den Wägen der MARÚT.
5. Wo ist eure Mutter, o ihr MARÚT, wo ist PṚ́ŚNI? „Getrennt (auseinandergestellt) hat sich (unsere) Mutter von uns zur Säugung des Vogels“, sprechen die MARÚT.
[des Vogels: der Sonne]

Wer kennt den Faden, welcher den Himmel erlangt hat? Wer kennt die Männer, die gewoben das Himmelsgewebe?

1. (Dyâvau Pṛthivî devî sahá devébhis yajaté sahá yájatrais tastháтur ṛtâvarī adrúhā deváputre.) HIMMEL (und) ERDE, die beiden Göttinnen sind mit (anderen) Göttern, die beiden mit Opfergaben zu erquickenden samt mit Opfergaben erquicken sich Lassenden hervorgetreten, die beiden ordnungsmächtigen, die beiden unbetrügbaren, die beiden Götter als Söhne habenden.
2. (Kás jānâti tántum, yás dyâm âpnot? Kás ávayat (§FVFo225) tyád víoma?) Wer kennt den Faden, welcher den Himmel erlangt hat? Wer hat gewebt dies Gewebe?

3. (Ahám tántum jānâmi ahám jānâmi puṃsás, yé sám ṛṇván tántūn. Imé sám ṛṇván víoma pitáras, yé â áyur, ṛṣvám: Prá váya ápa váya!, íti âsata tántau taté .) *Ich* kenne den Faden, *ich* kenne die Männer, die zusammenfügten die Fäden. Die Väter, die wohlbekannten, fügten zusammen das Himmelsgewebe, die herabgewandelt waren, das ragende: „Web vor, web zurück (weg)!", so sprechend saßen sie beim Kettfaden, dem aufgezogenen.
4. (Té sūnávas māyínas suprácetasas ní cikyúr mamiré jāmî sáyonī mithuné sámokasā.) Die Söhne hier (von ihnen auch), wirkmächtigen Denkens mächtige, zu Leben aufmerksame, halten Schauung mit innerem Auge, bilden die beiden Verschwisterten, die beiden demselben Schoß Entsprungenen, die beiden ein Paar Bildenden, die beiden zusammen zu sein Liebenden.
[die beiden Verschwisterten: Himmel und Erde]

MITRÁ und VÁRUṆA mittels ihrer Späher unablässig über die heiliger Satzung gemäß Wandelnden wachend

1. Dívas nápātau!, bhuvás dadhâthe kṣatrám pradívas.
2. Spáśas dadhâthe óṣadhīṣu vikṣú, yáthā ŕdhak cáratas ánimiṣam rákṣaithe.
3. Imâm-ū mahîm māyâm āsurásya Váruṇasya prá sú vócam, yás antárikṣe tásthau ví-ca mamé pṛthivîm sûryeṇa.
4. Kúa tyâni-nau, Váruṇa!, sakhyâni babhūvúr? Ásacāvahi hí avṛkám purâ-cid. Idám, súdeve!, prá váha!, yád-cid âgas máyi.

Parvan 88

AGNÍ des Hervoratmenden, des die Augen Schließenden einziger König

1. AGNÍ, der hingebreitet die Strahlen der MORGENRÖTE, die weithin scheinenden, schließt nun das Dunkel auf mit (seinem) Strahl kommend.
2. Herbei ist das Rind hier, das rötefarbene, das Verschwisterte beleben, die zehn (ihn) begehrenden, geschritten (und) hat sich gesetzt vor Mutter (Erde) und Vater (Himmel), hervorzugehen (als) Sonnenlicht.
[das Rind: AGNÍ; Verschwisterte: die Finger; beleben: entfachen]
3. AGNÍ, der, nachdem er alle diese Wesenheiten als Opferguss ausgegossen, niedergesetzt sich (zur Ruhe) gestern, unser Vater, der geht, die Strahlen der MORGENRÖTE suchend, in die Strahlen des SONNENGOTTES ein.
4. Den hundertstromigen Urquell erlangen, die brüllen, Milchkühe, den des großen SONNENGOTTES Lichtwunder hervorbringenden; Lichtwunder hervorbringend blickt er zu uns weithin.
[hundertstromiger Urquell: AGNÍ als Sonne mit hundert Strahlen; Milchkühe: Lieder]
5. Um dich, o AGNÍ, den auf der kosmischen Ordnung Sitz thronenden, Kühe (uns) geradewegs zuführenden, wandelt die eine Kuh (ihre) Bahn.
[Sitz: Seheropferstätte; die eine Kuh: Schmelzbuttergefäß]
6. *Du*, o AGNÍ, bist ÍNDRA, der Stier (aller) seienden (Dinge), *du* VÍṢṆU, der mit Verbeugung zu ehrende!
7. AGNÍ ist durch (seine) Macht des Hervoratmenden, des die Augen Schließenden, (alles) Gehenden einziger König wahrlich.

ÍNDRA von dieser und jener zweier verfeindeter Schlachtreihen gerufen

1. In Versen gedrechselt zu Leben wie Vögel sprechend und sprechend wollen dem (auch selbst) lobsingenden Herrn erstrahlen wir lassen ein erstrahlendes Wort, dem weithin berühmten.
[dem (auch selbst) lobsingenden: dem in den Lobgesang einstimmenden: 1,10,4 u.a., s. Geldner zur Stelle]

2. ÍNDRA herrscht über die Fahrenden, über den Ausspannenden (als) König in Macht, der mit der Keule im Arm.
3. Zwei Schlachtreihen rufen, wenn sie zusammenkommen, von beiden Seiten (rings), Unfreunde, ÍNDRA.
4. Hervor wie der lichtenden, ja lichtenden MORGENRÖTE Fackel soll dein Geschoss rollen, o ÍNDRA, vor den Menschenkindern!
[dein Geschoss: die Sonnenkugel; rollen: rollen, um die Dämonen zu vernichten]

Soma sich wandelnd in den Sonnengott GANDHARVÁ

1. Einer dem anderen zugekehrt sitzen die lichtenden, ja lichtenden Rufer der Götter und Opferpriester, die sieben, die sieben Schwestern (ihre Gedanken/Gedichte/Stimmen) haben, beim Soma den Schritt des *einen* (des Soma) zu führen zum Himmelsgewölbe, des mit Verbeugung zu ehrenden.
2. Es wandelt nun in des freudespendenden SONNENGOTTES, des vor uns aufgehenden, Schößen SÓMA, der ein Freudespendender ist, als GANDHARVÁ.
3. Sobald den zum Himmel eilenden, fliegenden, mit Leben wirkenden Flügeln begabten GANDHARVÁ mit dem Herzen (seiner) begehrend die Seher erblickt haben, des VÁRUṆA Boten, (da) stellt er sich auf das Himmelsgewölbe, den Leibern (seiner) Väter zugekehrt, tragend seine lichtenden Waffen.
[seine lichtenden Waffen: die Sonnenstrahlen]

Den ununterbrochen Wiederkehrenden euch entgegen macht frei von der Sünde ihr, o MITRÁ und o VÁRUṆA!

1. Mit festen Gliedern, o MITRÁ (und o VÁRUṆA), möchten wir, die wir euch beide lobsingen, mit (unseren) Leibern vollends erlangen uns welche Lebenszeit gottgesetzt.
2. Nicht will vor euch gegen den, der einen die Götter Liebenden, einen das Leben wirkende Denken der hoch oben Dahinwandelnden Begehrenden erschlägt, Worte ich machen, mit Leben wirkenden Worten nur suche ich euch, mit euch ehrenden Dichterworten, o Söhne der ÁDITI, mir herbeizugewinnen.
3. Herab in den (Ozean)strom steigst als Tag du, o VÁRUṆA, als weißer Tropfen, des Seienden König – (du,) der du fort und fort umgreifst die drei (Götter)sitze.
[Tag: Sonne; die drei (Götter)sitze: Himmel, Luftraum, Erde]
4. (Eure) Späher habt gesetzt euch ihr beide in Pflanzen, in Häuser, auf dass ihr über die heiliger Satzung gemäß Wandelnden unablässigen Auges wacht.
5. Den ununterbrochen Wiederkehrenden ja, o ihr Aufmerksamen, euch entgegen Gehenden wahrlich macht zu Leben (fort) von der Sünde ihr, o ihr Leben wirkenden Götter, (macht ihr) gerade.
6. Gutbegehbar (ist des Lebens) Pfad, dornenlos, o Söhne der ÁDITI, für den, der sich fügend in die kosmische Ordnung wandelt.
7. Frei von Unheilsmächten, am Süßtrank uns ergötzend, auf des Sohnes der ÁDITI Willen zuwohnend mögen *wir* in des MITRÁ Leben wirkendem Geistesgewirken sein!

Die NACHT nach vielen Seiten blickend mit ihren Augen

1. Die NACHT: Rings ist sie aufgeflammt mit (ihren) Augen, indem herbei vielerorts sie gewandelt, die Göttin.
[mit (ihren) Augen: mit den Sternen]
2. Fort wahrlich hat sie, (sie,) die herbeiwandelnde Göttin, (ihre) Schwester geschafft sich, die ABENDRÖTE.
3. Zu mir hat mit Gestirnen über und über sich schmückendes Dunkel, schwarzes, gestellt.

4. Freudespendend, o NACHT, des Gebenden, dies mein Wort mach!

Paradoxon des Atems

Atmend ruht raschwegiges Lebendiges sich regend (als) Feststehendes inmitten wasserumspülter Behausungen.
[raschwegiges Lebendiges: der Atem; Feststehendes: das ganze Leben eines Lebewesens Währendes; inmitten wasserumspülter Behausungen: in blutgefüllten Körpern]

Nicht läuft vor dem Kleinen davon, nicht vor dem Großen die weithin scheinende Frau

1. (Uṣâs uchántī sám agnínā jyótis áśret; ud-yán Sûryas makṣû amátim urviyâ śrét!) Die MORGENRÖTE, die erstrahlende, hat gemeinsam mit dem (morgendlichen Opfer)feuer (ihr) Licht aufgerichtet; der aufgehende SONNENGOTT soll bald (seine) Lichtflut weithin aufrichten!
2. (Pāvakáyā tanúā uchántī ná árbhād îṣate ná mahás vi-bhātî jánī.) Mit lauterem Leib erstrahlend läuft nicht vor dem Kleinen davon, nicht vor dem Großen die weithin scheinende Frau.
3. (Asmâkam pitáras mânuṣās vraté Bŕhas Pátes, ayám yád adráu antár satî̂s usríyās ámṛkṣat, úd âjan-enās pûrve â tâs áhavanta.) *Unsere* Väter, die Mánussöhne, trieben unter der Botmäßigkeit des BŔHAS PÁTI, nachdem dieser die im Innern des Finsternisfelsens befindlichen rötlichen Kühe gegriffen hatte, diese (als) erste heraus, riefen sie sich herbei.
4. (Gâs pári sántam ádrim dṛḷhám pitáras dáivyayā vācâ vrajám gómantam uśíjas ápa vavrúr: Ávivāsan gâs viravéṇa.) Den um die Kühe herum seienden Finsternisfels, den festverschlossenen Pferch schlossen die Väter durch göttliches Wort, den kuhreichen die kühebegehrenden auf: Sie suchten zu gewinnen die Kühe durch lautes Brüllen.
5. (Parā-yatīnâm Uṣásām pūrvyâṇām ánu éti pâthas nūnám yóṣā ā-yatīnâm prathamâ.) Der fortgegangenen MORGENRÖTEN, der frühergewesenen, Bahn entlang geht nun die junge Frau (als) der herbeikommenden erste.

Die am meisten freudespendenden Dinge des Anfangs

1. Abhí mármṛśat mánasā préṣṭhāni ágrasya parás bhávanti áṅgirasas pūrvyân sahá sakhíbhis ichâmi dṛśé, yáthā pṛchâni tâni.
2. Na-hí ahám tántum ví jānâmi ná yád víoma ávayan sahá sam-aré tántūnām yántas kaváyas ágre.
3. Devânam pūrvyé yugé ásatas sát áhar aktós ájāyata, íti āhúr áṅgirasas.
4. Satás bándhum ásati ávindan kaváyas maniṣâ (=maniṣáyā).

Parvan 89

O HIMMEL-UND-ERDE, hütet uns!

1. Vater (und Mutter) des großen AGNÍ, den beiden großen des am meisten Freudespendenden, haben nun erstrahlende Worte zugeführt die Sänger.
2. Zwei mit gewaltigen Schutzmächten, von ihren Gemahlinnen begleiteten, o HIMMEL-UND-ERDE, gemeinsam (das Opfermahl) genießende, zwei weite alle beide, mit Opfergaben zu erquickende: Hütet aufmerksam (uns)!
3. Wie Soma zu etwas Prachtvollem in den Augen der Gabenreichen (bei den Gabenreichen) macht uns ihr beide, die Götterliebenden!

Die MORGENRÖTE dahinschwinden machend die Menschengeschlechter

1. Nicht schwinden machend die göttlichen Gebote, dahinschwinden machend die Menschengeschlechter ist von den in ununterbrochener Folge sich aneinanderreihenden

heranwandelnden (MORGENRÖTEN als) erste die (nun sichtbare) MORGENRÖTE weithin erstrahlt vor den Menschenkindern, vor allen gehenden Wesen, die frühergewesene.
2. Der Ordnung Pfad entlang geht sie als eine, die (ihn) im Voraus kennt.
3. Weithin nun breitet sie sich aus erfüllend die beiden Schöße, (den) des Vaters (und den der Mutter).
4. Wer denn fand (als) erster die rötlichen Kühe? Kühebegehrend fanden die Namen der Milchkuh, (ihrer) Mutter, die dreimal sieben höchsten (Namen), die Priester der Urzeit (als) erste; dies gewahrend brüllten die liebesverlangengeleiteten Scharen der Kühe unseren Vätern zu mit Freude.
[der Milchkuh: der MORGENRÖTE; die liebesverlangengeleiteten Scharen der Kühe: die Strahlen der MORGENRÖTE]
5. *Einer* wahrlich (ist) samensetzender Stier der in ununterbrochener Folge sich aneinanderreihenden MORGENRÖTEN, der lichtenden und lichtenden: ÁSURA, der nachwuchsreiche.

AGNÍ das Wort durch Geist läuternde Seher inspirierend

1. Die Priester der Urzeit salbten AGNÍ gemeinsam mit Schmelzbutter, erwählten sich (ihn), der hinein Sehergedanken macht in eines jeden das Wort durch Geist läuternden Sehers Hand.
[Hand: Macht]
2. Gemeinsam den von der ihm eigentümlichen Kraft Erfüllten erkennend setzten sie sich heran (an ihn) – in Begleitung ihrer Gemahlinnen – (und) ehrten mit Verbeugung den mit Verbeugung zu ehrenden.
3. Er soll auch uns, AGNÍ, führen, der vorwärtswissende, zu der Gabe, die von Göttern gereicht, die sein, die durch wirkmächtiges Denken alle Unsterblichen hatten herbeigeschafft, Vater HIMMEL (als ihr) Zeuger, die wahrhaftseiende, o Gabenreicher!
[Gabe, die von Göttern gereicht: die Sonne]
4. Der Wagenfahrer dort (oben), der Sohn von Vater (HIMMEL und Mutter ERDE), der mit der Seihe begabte, läutert, ein denkmächtiger, die Wesenheiten durch wirkmächtiges Denken.
[der Wagenfahrer: AGNÍ als Wagenfahrer des Sonnenballs als Wagen; Seihe: Sonne]

Der SONNENGOTT großer Wesensausdruck des ÁSURA

1. Eine Fackel verschaffend dem Fackellosen, ein Schmuckstück, o ihr jungen Frauen, dem Schmucklosen, wurdest du gemeinsam mit den Strahlen der MORGENRÖTE geboren, o SONNENGOTT!
2. (Als) der große Wesensausdruck des Stiers, des ÁSURA, wahrlich wurde der SONNENGOTT, der jenseits des Gewölks weilte, geboren.
3. Alle Tage möchten wir dir mit von Leben erfülltem Geist, mit von Leben erfüllten Augen, nachwuchsreich, ohne bedrängende Unheilsmächte, frei von Unrecht, dir, wenn du aufgehst, Tag für Tag entgegensehen, o Siegreicher!

Deine Waffen verbrennen den Sünde Tuenden, o lebendiger Gott!

1. Dem VÁRUṆA den Opferguss, den schmelzbutterreichen, gießt aus, (dem Gott,) der die Stärke dehnt in den Hengsten, dem MITRÁ!
2. Dem (ihn) erhöhenden Lobsänger (ist) zu Leben lieb MITRÁ, dem reich an (ihm) Freude Spendendem; voran soll solch ein Sterblicher sein, an Reichtümern reich fährt er (als) erster mit dem Wagen.
3. Verbeugungen reichlich empfangend sitzt ihr beide auf dem Wagensitz, o MITRÁ (und) o VÁRUṆA; lichtreiche Herrschaft erlangende (sind) die beiden Söhne der ÁDITI, des Himmelstaus Herren.
[auf dem Wagensitz: auf der Sonne]

4. Die lichtreiche ÁDITI, die sonnenlichtreiche geleiten sie beide herbei Tag für Tag.
5. Die beiden mächtigen, MITRÁ (und) VÁRUṆA, die beiden Gemeinsamkönige, die beiden Götter, die beiden lebendigen Götter, die beiden ordnungsmächtigen: Das geordnete Weltall mögen die beiden auch wieder regnen lassen, das gewaltige!
6. Wen hier, o MITRÁ (und) o VÁRUṆA, erquicken wollt *ihr beide*, dem lässt der Regen vom Himmel, vom Urquell, Süßreiches schwellen, (er,) der an Regengewölk reiche.
7. Deine Waffen verbrennen den Sünde Tuenden, o lebendiger Gott!
8. Den wohlbekannten Schutzschild streckt zu Leben (über) uns aus, o Söhne der ÁDITI, der zu befreien vermag selbst den Sündenbeladenen von der Sünde, o ihr Spender Leben wirkenden Himmelstaus!

RUDRÁ wie die flammende Sonne, wie Gold leuchtend

1. Havíṣmantas sádam íd-tvā hávāmahe, Rúdra! Śṛṇótu-nas hávam marútvān táviṣīmatas gaṇásya pitâ revân!
2. Yás śukrás-iva sûryas híraṇyam-iva rócate, śám-nas kárati árvate yós meṣâya nŕbhyas gáve!
3. Ávase padváte, śréṣṭha dévānām!, mṛḷá!

ÍNDRA, der Lichtesfinder, der dem Auspressenden, dem Bratenden Kampfpreis um Kampfpreis herausschlägt

1. (Devayántas yáthā kaváyas matím áchā, vidádvasum gíras śṛṇvántam ánuṣata ví-śrutam.) Wie götterliebende Seher dem Gedicht entgegen, haben dem Lichtesfinder erhöhende Worte, dem hörenden, (freudig entgegen)gebrüllt, dem weithin berühmten.
2. (Prá ráthās-iva árvantas ná śravasyávas sómāsas tvé ákramiṣur.) Voran wie Wägen, wie Hengste, ruhmbegehrende, sind die Somaströme zu dir geschritten.
3. (Áhan Vṛtrám Índras vájreṇa mármṛśat párvate dânumad vásu) Erschlagen hat den VṚTRÁ ÍNDRA mit der Keule, um zu greifen, ja zu greifen im Wolkenberg himmelstauerfülltes lichtes Gut. [lichtes Gut: Strahlen der MORGENRÖTE]
4. (Śáśvatas máhi énas dádhatas śárvā hánti Índras mahatâ âyudhena.) Alle, die große Sünde tun (setzen), tötet mit dem Pfeil ÍNDRA, mit mächtiger Waffe.
5. (Mahântam-cid Arbudám ní krámīs padâ mahatás ví mūrdhânam ábhinat: Tád-te ásti sáhase manyumát śávas, śárumas!) Den großen ARBUDÁ gar tratest du nieder mit dem Fuß, schlugst des mächtigen Haupt auseinander: Eine solche ist deine ingrimmerfüllte Stärke zu Sieg, o Pfeilbegabter!
6. (Yás sunvaté pácate pṛṇaté â-cid vâjam dárdarṣi: Sás íd, mághavan!, ási satyás.) Der dem Auspressenden, dem (dir Stiere) Bratenden, dem reichlich Spendenden heraus wahrlich Kampfpreis du schlägst und schlägst: Du wahrlich, o Gabenreicher, bist wahrhaftseiend.
7. (Śíkṣa, śácīvas krátumas mánasvas!, táva-nas śácībhis krátubhis mánasā pṛṇádbhyas!) Verhilf zu Lebenskraft, o du von Lebenskraft Erfüllter, o du von geistiger Kraft Erfüllter, o Geistbegabter, mit *deinen* Lebenskräften uns, geistigen Kräften, (deinem) Geist, (uns,) den reichlich Spendenden!

Parvan 90

HIMMEL-UND-ERDE gedeihen durch der Menschenkinder Speisen

1. Wer denn war Leben wirkendes Werkes Wirker unter den Wesen, durch den Himmel (und) Erde, die wohlbekannten, zur Geburt gebracht worden?
2. Die Priester der Urzeit haben gemacht des Himmels, des gewaltigen, Weg uns, den himmelstauerfüllten lichten Tag haben sie gefunden, die Fackel der MORGENRÖTE.

3. Die Söhne hier (der Priester der Urzeit), Leben wirkenden Werkes Wirker, Wirker Leben wirkender Wunderwerke auch selbst: Die beiden großen haben zur Geburt sie gebracht, Mutter (und Vater) eben jetzt.
4. Durch wohlgefügtes Gedicht halten Himmel (und Erde) Einzug, halten die Kühe, die in ununterbrochener Folge sich aneinanderreihenden, ins geordnete Weltall Einzug.
[die Kühe: die MORGENRÖTEN]
5. HIMMEL-UND-ERDE gedeihen durch der Menschenkinder Schmelzbuttergüsse, durch Speisen, süßreiche; lasst uns darbringen Opfergüsse, schmelzbutterreiche!

In des düsteren Raumes Tiefe legte sich VṚTRÁ

1. Die Keule schlug auf den Rücken des VṚTRÁ ÍNDRA, indem er, tausend Erquickungen (von Sehern) empfangend, in (seinen) Kraftquellen gedieh.
2. In des düsteren Raumes Tiefe legte sich VṚTRÁ, als in ihn hinein du schlugst, o Ingrimmerfüllter, die Keule, die aufblitzt in deinen beiden Armen.
3. Nachdem ÍNDRA und der Schlangerich gekämpft hatten, blieb der Gabenreiche, der in der Urzeit wahrlich zur Erschlagung von Erschöpfergeistern geboren worden war, Sieger.
4. Auf schlug er den Finsternisfels, als aufblitzte (seine) Stärke, herbei die Kühe schaffte der tapfere Kämpfer gemeinsam mit (seinen) Verbündeten, brachte zur Geburt die Sonne.
5. „Ich erschlug VṚTRÁ, brach auf die Wolkenburgen, erfurchte gleichsam die Ströme", spricht (er,) der geistbegabte.
6. In ganzer Länge wurdet ihr freigeschlagen, o ihr strömenden WASSER, wie Milchkühe geht ihr hinab zum Ozean, ein Lebendigsichtbarer dehnst du dich aus, o SONNENGOTT!
7. „*Ich* habe mich ausgedehnt über die Nächte hinaus, über die Tage hinaus, über den Zwischenraum hinaus, über des Ozeans Größe hinaus, über der Erde Ende hinaus", spricht ÍNDRA; über die Ströme hinaus ragst du, über der Unsterblichen Wohnstätten hinaus, o ÍNDRA!

Die MARÚT mit flammenden Schmuckstücken geschmückt

1. Zusammen mit der ihnen eigentümlichen Kraft sind geboren worden die MARÚT, des HIMMELS Mannen.
2. Wie tapfere Kämpfer von lebendigschönem Wuchs sind gewachsen die Mannen, des RUDRÁ Söhne, die *du* dir aufblitzen lässt, o ÍNDRA!
3. Krafterfüllte, vielgestaltige haben mit flammenden Schmuckstücken sich geschmückt, (ihre) Leiber geschmückt mit goldenen Schmuckstücken der PṚ́ŚNI Söhne.
4. Die Winde, (ihre) Rosse, haben unter das Joch sie sich gespannt.
5. Wie tapfere Kämpfer, an der Spitze kämpfende, kämpft an der Spitze auch ihr.
6. Nicht ist euch ein Bezwinger gefunden worden im Himmel, nicht auf der Erde, o ihr des Dämons RUPFER Vertilger!
7. *Euer* soll sein die Kraft dank lückenloser Geschlossenheit (als eurer) Verbündeten, o ihr RUDRÁ, an die niemand sich heranerkühnen wird!
8. Selbst habt ihr verschafft euch solche Kraft, wie ihr wisst.
9. Was Frühergewesenes, o ihr von der euch eigentümlichen Kraft Erfüllte, und was Jetztseiendes, was gekündet wird, o ihr Lichten, von allem dem wisst ihr.

Auch mir unbewusste Sünden löse, o VÁRUṆA!

1. Das (ist) zu Leben euer beider, o MITRÁ (und) o VÁRUṆA, Macht: In der Frühe milchen die Milchkühe Tau.
[die Milchkühe: Strahlen der MORGENRÖTE, zugleich die zoologischen Kühe; Tau: Tau bzw. Milch]
2. Du dehnst, o VÁRUṆA, die Stärke in den Hengsten, das Nass in den rötlichen Kühen.

3. „Der rötlichen Kühe geheime Namen wissen wir beide‟, sprechen MITRÁ (und VÁRUṆA).
4. Durch euch beide, die ihr die Herrschaft tragt gemeinsam, dreht das eine Rad des SONNENGOTTES sich herbei.
5. Hervor das Himmelsgewölbe, das ragende, stößt du, o an Gewölk Reicher, das gewaltige, und breitest aus die Erde.
6. „Ich weiß die Monate, (ich,) dessen Gebote feststehen, die zwölf nachwuchshabenden, weiß (den,) der hinzugeboren wird‟, spricht VÁRUṆA.
[die zwölf nachwuchshabenden: Schaltmonat als Nachwuchs]
7. VÁRUṆA lässt den Schlauch hervorströmen Nass auf Himmel-und-Erde, in den Zwischenraum.
8. Alle ja laben, o ihr Spender des Leben wirkenden Himmelstaus, o Söhne der ÁDITI, an euren Erquickungen nun *wir* uns.
9. An folgende wirkmächtigem Denken entspringende Tat nun auch, die große des seherischen Gottes erkühnst du dich nicht heran, o Menschensohn, (die darin besteht,) dass mit (ihrem) Wasser nicht füllen die sich (in ihn) hineingießenden Flüsse den *einen* Ozean.
10. Wenn angeschmiert wir haben, und was offenbar (uns) und was wir nicht wissen, alle Sünden löse als lockersitzende, o Gott!
11. Zu deinem Haus, o VÁRUṆA, bin ich gegangen, früher wahrlich, als Opfergussreicher. Wann werde ich wieder (dorthin) gehen?
[Haus: Sonne]

Zur süßen Beere der Unsterblichkeit emporgelangen

1. Am Baum, den die mit Leben wirkenden Flügeln Begabten Anteil an der Unsterblichkeitsspeise begehrend, umgreifen: Der mächtige Kuhhirte der ganzen Welt, der ist, ein denkmächtiger, in mich, den Einfältigen, dort eingegangen.
2. Auf welchem Baum die süßesfressenden mit Leben wirkenden Flügeln Begabten gebären alle, dessen wahrlich, sagen sie, Beere (sei) süß – im Wipfel; zu ihr empor kann nicht gelangen, wer den Vater nicht vernimmt.

Ich bin geboren worden als Flammender

1. (Māyínau sám dadhâte mithuné; tvâm yád, Ágne!, gárbham ná mamâte jajñátur vardháyantī.) Die beiden wirkmächtigen Denkens mächtigen vereinigten sich (legten sich zusammen), die beiden ein Paar bildenden; nachdem *dich*, o AGNÍ, als Spross gebildet sich hatten die beiden, brachten sie (dich) zur Geburt, (dich) großzuziehen.
[die beiden wirkmächtigen Denkens mächtigen: HIMMEL und ERDE]
2. (Agnís ayám Dyós Pṛthivyâs sūnús bhānúnā pṛthivîm dyâm utá imâm â tatâna ródasī antárikṣam: Tvám, dhartâ yás víśvasya jajñiṣé, préṣṭhas mânuṣyai víśé víśvebhyas jágadbhyas bhúvanebhyas padvádbhyas.) AGNÍ, selbst HIMMELS und der ERDE Sohn, breitet mit (seinem) Schein die Erde und diese Himmelin hin, Himmel-und-Erde, den Zwischenraum: *Du*, der du (als) Festumfassthalter des Alls geboren worden bist, (bist) der am meisten Freude spendende für das Menschengeschlecht, für all die gehenden Wesen, die befußten.
3. (Ahám jajñé śukrás védī titvéṣa dhruvás ní ásīdam yuṣmé, sákhāyas!, íti âha yáśasvān.) „Ich bin geboren worden (als) Flammender, auf der Seheropferstätte bin ich aufgeblitzt, ein Beständiger habe ich mich niedergesetzt bei euch, o Seherfreunde‟, spricht der Glanzreiche.
4. (Asyá vŕṣṇas, śriyé yád sám idhyáte, vásos ánīkam: Dáme â ruróca.) Des Stieres, des lichten, Antlitz, welches zu Herrlichkeit gemeinsam entzündet wird: Im Temenos leuchtet es.
5. (Sūnŕtābhis-te, śácīvas!, vāvṛdhé – adyâ purâ-cid.) Durch deine schönen Gaben, o du von Lebenskraft Erfüllter, werde ich gestärkt – heute (und) früher wahrlich.
[durch deine schönen Gaben: durch deine Flammen]

6. (Tmánā-te yád-nas pâsi, sákhe!, rakṣâs ná â dhṛṣṇávat kútas caná nákis, jánān yás rirépa.)
Wenn mit deinem Lebensgeist du uns behütest, o Seherfreund, wird kein Zauberer (nicht ein Zauberer) sich heranerkühnen, von wo auch immer, niemand, der die Geborenen anschmiert.
7. (Sás íd tántum ví janâti sás váktvāni ṛtám ánu vádāti, yás cikéta Agním yás dadárśa yás vivéda.)
Der nur kennt den Faden heraus, der wird die zu wortenden (Worte) im Einklang mit der kosmischen Ordnung künden, der erschaut hat AGNÍ, der (ihn) gesehen hat, der (ihn) gefunden hat.
[Faden: Dichter als Weber, sein Faden, aus dem er den Himmel spinnt/hervorbringt, das Wort]

Der SONNENGOTT schauend auf das Sinnen und Trachten der Sterblichen

1. Rurócitha yás dyáus-iva manyúm yás mártyeṣu â cikétitha, dadṛkṣé purás-nas, Sûrya!, śócadbhis âyudhais.
2. Yátra samudrás prá áunat, yás-tvā dadhé: Tvám, Sávitar!, yás parás ásurais âsīs, tásya véttha.
3. Âpas-cid túbhyam reváte áramṇata devîs.
4. Sûrya!, pipṛhí-nas práyasvān dyós pārám!, yé-tvā jajanmá, námasvas!

Parvan 91

Empor sollen steigen die rötlichen Kühe!

1. Die beiden Göttinnen, die uralten, zwei mit Opfergaben zu erquickende, sind samt den Strahlen der MORGENRÖTE, den mit Opfergaben erquicken sich lassenden, samt den beiden AŚVÍN hervorgetreten, zwei an Freudespendendem reiche (Göttinnen), zwei zu voller Größe wachsende, ordnungsmächtige, unbetrügbare, Götter als Söhne habende.
[die beiden Göttinnen, die uralten: HIMMEL und ERDE]
2. Empor sollen sich regen, die zu den Priestern der Urzeit in der Urzeit gelangten, die rötlichen Kühe, die den Kampfpreis erlangen werden, die lichtenden und lichtenden, o MORGENRÖTE, o mit allen Gedanken dich herbeibegebende Göttin!
[den Kampfpreis: die Sonne]
3. Du fragst, durch wen die rötlichen Kühe zu den Priestern der Urzeit in der Urzeit gelangten, den kühebegehrenden, du fragst, im Geiste (es) zu erfassen (greifen), durch wessen geistige Kraft die Priester der Urzeit emporführten die rötlichen Kühe (als) erste.
4. Mit den Kühen führte die Priester der Urzeit, nachdem er (zu ihnen) gelangt war, zusammen BŔHAS PÁTI, durch des BŔHAS PÁTI geistige Kraft stiegen empor die rötlichen Kühe zum ersten Mal (als erste) zum Himmelsgewölbe.
5. O MORGENRÖTE, indem das Feuer gemeinsam zu entzünden du hast veranlasst, indem weithin du erstrahlt bist mit dem Auge des SONNENGOTTES, indem die Menschenkinder, die mit Opfergaben (die Götter) erquicken werden, geweckt du, dadurch hast vor den Göttern du verschafft dir ein lichtvolles Werk.
6. Welche wird euer beider Zudenkung sein? Mit welcher zu uns herab, o ihr zwei AŚVÍN, werdet ihr beide kommen, wenn ihr gerufen werdet?

Ohne Unterlass lasst wachen uns über das Kalb!

1. Ein wohlgefügtes Gedicht will worten ich dem Schmelzbutterreichen unter Verbeugung, der darum gebeten ich werde als Wächter des Gewahrers alles Geborenen.
2. Ohne Unterlass lasst wachen uns über das heranwachsende Kalb! – wie die Priester der Urzeit, unsere Väter früher, die, nachdem (ihre) Leiber sie hatten losgelassen, sich ihre eigenen Leiber verschafften, unsterbliche von Herrlichkeit, um (so) als Seherfreunde, göttliche, bei der irdischen Seherfreunde Augenschließen selbst (noch) über AGNÍ zu wachen.
[nachdem (ihre) Leiber sie hatten losgelassen: nachdem sie gestorben waren]

3. Der Opfergussreiche, der, nachdem alle diese Wesenheiten als Opferguss er ausgegossen, sich niedergesetzt hat (zur Ruhe) gestern, unser Vater: Nun gehe er, nachdem die Strahlen der MORGENRÖTE er gesucht (und gefunden), in die Strahlen des SONNENGOTTES ein!
4. Der Sohn des alle Menschen umfangenden Himmels, AGNÍ, hat wahrlich, (kaum) geboren vor uns, wie ein König mit dem Licht die Dunkelheiten besiegt.
5. Der zweimalgeborene wahrlich, der erstgeborene der Schöpfung: Dies All hat (als) Milchkuh gemilcht er, (eben) geborene.
6. Herzu ergießen sich die Ströme, die eine Wonne sind, zu dem, der mit Opfergaben erquicken wird den Glanzreichen, (herzu ergießen sich zu dem) die Milchkühe.
7. O AGNÍ, eine Kuh führe *mir* geradewegs zu, einem (als) stetig wiederkehrenden dich zu sich rufenden!

In welche Welt das Sonnenlicht gesetzt wurde, in die mich setze, o SÓMA!

1. Unter ordneten sich die Tage, die Monate, unter wahrlich die Bäume, unter die Pflanzen, unter die Berge, unter die Wasser *dir*, sobald du geboren warst, unter Himmel-und-Erde, o ÍNDRA, welche Wesenheiten alle durch der von dir getan werdenden Tat Größe aus dem Dunkel werden herausgeboren.
2. Es hat aufgeschlossen die beiden Bewohnerinnen desselben Nestes der seiner Lebenskraft niemals ermangelnde tapfere Kämpfer, in dessen Arm aufblitzt die Keule, durch zu Lob (ihm) gesungen werdende erstrahlende Worte.
[die beiden Bewohnerinnen desselben Nestes: Himmel und Erde]
3. Hin fuhren dich, o Töter des VṚTRÁ, o Siegreicher, (als) siegenden des WINDES vom Geist eingepannte Hengste zur Ruhmestat, hin dich, der du mit der Kraft von Dichterworten gefüllt wurdest.
4. Des Siegreichen Ingrimm zerbricht, in die Höhe geführt (auf die Spitze getrieben), Burgen, bricht auf Wolkenberge.
5. Wo Licht, unerschöpfliches, in welche Welt das Sonnenlicht gesetzt wurde, in die *mich* setze, den opfernden, o du, dich läuternder SÓMA, in die unsterbliche Welt, o du, des ÍNDRA Freund!
6. Aufrichter sei des Opfernden!

Des SONNENGOTTES Sieg verkünden

1. (Â devás yâtu Savitâ surátnas antarikṣaprâs váhamānas áśvais!) Herbei der Gott soll fahren, SAVITÁR, der Leben wirkende Gabe bereithält, den Zwischenraum erfüllt, mit (seinen) Rossen fährt.
[Leben wirkende Gabe: das Sonnenlicht]
2. (Vi-bhrâjamānas Uṣásām upásthād áha stotŕbhis úd éti anu-madyámānas Sûryas dyáus-iva rócamānas vi-śráyamāṇas amátim.) Weithin prangend geht aus der MORGENRÖTEN Schoß wahrlich von Lobsängern bejauchzt der SONNENGOTT auf, wie der Himmel leuchtend, weithin umher richtend (seine) Lichtflut.
3. (Divás rukmás urucákṣās ā-vártamānas parāvátas āré'arthas bhrâjamānas ápa víśvā duritâ bâdhamānas.) Des Himmels Goldschmuck, der weithin sein Auge gerichtet, rollt heran aus der Ferne, (er,) der in der Ferne das Ziel (seines) Strebens hat, der prangende, hinweg alle Unwegsamkeiten treibend.
4. (Sûryasya vayám sáhas prá ávocāma ukthéna śasyámānena, budhnâd yád hṛdâm árukṣat.) Des SONNENGOTTES Sieg haben *wir* fernhin verkündet in einem Wort, das erredet wurde, nachdem aus der Tiefe (unserer) Herzen es gestiegen.

Späher habt gesetzt ihr euch, o MITRÁ und o VÁRUṆA, in Pflanzen, in Häuser

1. Vakṣáyatam, námasvantau!, amátim krátumatas – ánu vratám sádam rákṣamāṇau jyótiṣmantam.
[krátumatas / des von geistiger Kraft Erfüllten: des SONNENGOTTES]
2. Spáśas dadhâthe óṣadhīṣu vikṣú bhúvanāni rákṣamāṇā padvát jágat dhruvám: Rákṣatam asmân-ca tébhis ŕdhak yatás sádam!
3. Imâm Mitrâbhyām iṣṭím bíbharam devâbhyām svadhâvadbhyām sáhamānābhyām vedhóbhyām!, yáyos mahitvám énasvān-ca, pâkam yás rirépa, ná â dadhárṣa.

Parvan 92

HIMMEL-UND-ERDE von Sehern zur Herrschaft gesalbt

1. Nieder setzten sich die Priester der Urzeit, durch erstrahlende Worte zu bereiten Himmel (und Erde), den nachwuchsreichen, zu bereiten der Schar der Unsterblichen einen Weg.
2. Nachdem die Seher, die frühergewesenen, (derer beiden) geheime Namen hatten hierher herabempfangen, salbten gemeinsam zur Herrschaft sie HIMMEL-UND-ERDE.
3. (Als) euch (eure) beiden Leiber läuternde, (als) zwei ein Paar bildende (seid) durch eigene geistige Kraft über die Erde (zwei) Herrschende (ihr beide) nun.

Schauung um Schauung haltend AGNÍ finden

1. Alle Götter ehrten mit Verbeugung *dich*, sich fürchtend, o AGNÍ, nicht findend (dich), als im Dunkel du weiltest.
2. AGNÍ wahrlich, HIMMEL-UND-ERDE, die beiden gewaltigen, zu finden, ja zu finden, hatten die MARÚT hinweg sich getragen, mit Opfergaben zu erquickende; (doch) es fand ein Sterblicher, inwendig Schauung um Schauung haltend, den von Lebenskraft erfüllten (und) die beiden Bewohnerinnen desselben Nestes, nachdem er sich zu dem Fußabdruck, dem fernsten, begeben hatte.
[die beiden Bewohnerinnen desselben Nestes: HIMMEL-UND-ERDE; zu dem Fußabdruck, dem fernsten: zur Sonne]
3. Gemeinsam (ihn) erkennend setzten sich heran an den Verbeugungen reichlich empfangenden Götterliebende, sich erwählend den (seinen) Leib wachsen lassenden, (und) ehrten, begleitet von ihren Gemahlinnen, den mit Verbeugung zu ehrenden mit Verbeugung.
4. In Weiß sich kleidend ist AGNÍ erstrahlt auch heute: Des zu Herrlichkeit gemeinsam entzündeten Stieres, des lichten, Antlitz leuchtet, ja leuchtet hell aufblitzend (aufblitzend und aufblitzend) im Temenos, den Luftraum zu durchmessen.

Die Sprosswerdung des SONNENGOTTES in wasserumspülten Behausungen

1. Geboren wird der Leuchtende, ja Leuchtende (als) erstes der Geschöpfe in wasserumspülten Behausungen, in dieses großen düsteren Raumes (Ozeans) Tiefe, Schoß fußlos, hauptlos, hingebunden, ja hingebunden an des Stieres Nest.
[der Leuchtende, ja Leuchtende: AGNÍ als Sonne; des Stieres: des ÁSURA]
2. Die Sprosswerdung des (späteren) SONNENGOTTES in wasserumspülten Behausungen durch ihnen eigentümliche Kraft ins Werk Setzende (sind) die Seher wahrlich, gemeinsam erkennende, (sie,) die einen mit Opfergaben zu erquickenden Namen empfangen werden, wenn sie vom höchsten Versammlungsort aus über (ihre) Söhne und Töchter wachen werden.
3. Durch den Himmel fährst du, der in Herrlichkeiten gekleidet du worden durch Wirkmächtige wahrlich, den Luftraum, den breiten, die Tage durchmessend mitsamt den Nächten, zu sehen die Wesen, o SONNENGOTT, zu schenken den Geschöpfen (deine) Strahlen.

4. Jeder in ein anderes aus ÁSURA hervorgegangenes Gewand sich kleidend maßen wirkmächtigen Denkens mächtige (Seher) ja (dein) Lichtgewand dir an (hinein), o SONNENGOTT!
5. Wie Kühe ins Dorf, wie die Kuh zum Kalb, die von Leben wirkendem Geist, die milchende, wie der Gatte zur Gattin, sie an sich zu binden – (so) soll zu uns herabfahren der Spross, der Festumfassthalter des Himmels, SAVITÁR!
6. Hinwegtreibend die Zauberer, die Verfolgungsgeisteransetzer, der Erschöpfungsgeister Entsender (Entsendenden) tritt hervor (gnom.Aor.) der Gott Frühe um Frühe, Abend für Abend, durch Loblieder erhöht.
7. Dieselben Verwandten habend, beide unsterblich, wandeln Tag (und Nacht), ihre Farbe (je und je) schwinden machend.

ÍNDRA hinwegblasend Erschöpfergeister

1. Mit der verbündeten Schar der MARÚT Taten hervorzubringen, blies, nachdem er getrunken vom Soma, den ausgepresst Götterliebende, (und) vom Himmel her Stärke empfangen (gestärkt), der tapfere Kämpfer (ÍNDRA) hinweg im Kampf die Erschöpfergeister.
2. Du erschlugst mit der Keule, die in deinen beiden Armen aufblitzt, den Schlangerich wahrlich, an dessen Stärke niemand sich heranerkühnt, den rings um die Flut liegenden, als Himmelstau nun daliegenden, o Krafterfüllter!
3. Erhöht durch die Priester der Urzeit, o Wirker Leben wirkender Wunderwerke, bandest auf du mitsamt der Morgenröte, der Sonne, den Kühen das Dunkel, o des VṚTRÁ Bezwinger, o Freischläger der WASSER!
4. „Er (sei) ein erhöht Werdender von den WASSERN, ein von Göttern Geleiteter!", so sagt man, „ein zu Leben über Verbündete Verfügender, (ein erhöht Werdender) durch Verbeugung, durch Leben wirkende Worte."
[von Göttern: von den MARÚT]
5. Alle, die große Sünde setzen, tötet mit dem Pfeil der pfeilbegabte: Wie ein Stein, der vom Himmel geschleudert, triff mit (deiner) Waffe die Unfreunde mein, die mich angeschmiert haben, (als) Siegreicher! Zum Kampfpreis wollen wir gelangen (als Soma) Auspressende ohne Unterlass!

Die über alles irdische Gut du herrschst, o MORGENRÖTE!

1. (Víśvasya îśānā pârthivasya vásvas, Úṣas!, adyâ ihá, súbhage!, ví uchá!) Die über alles irdische Gut du herrschst, o MORGENRÖTE, heute (und) hier, o Reicherin Leben wirkender Reichung, weithin erstrahl!
2. (Eṣâ Divás duhitâ: Asmábhyam áha práti ádarśi vi-cákṣāṇā jyótis vásānā samanâ; ádṛkṣātām tyáu Aśvínau nâsatyau rárāṇau, práyas yâbhyām dhâyi.) Die wohlbekannte Tochter des HIMMELS: *Uns* wahrlich entgegen ist sie erschienen, weithin blickend, in Licht sich kleidend in gleicher Weise wie immer; erschienen sind die beiden wohlbekannten AŚVÍN, die nichtunwahrhaftigen, (Schenkungen) zu schenken beide, denen beiden Freudespendendes (vor)gesetzt worden.
3. (Asmâkam pitáras manuṣíās vavré antár satîs usríyās úd âjan huvānâs prathamâs.) *Unsere* Väter, die dem MÁNUS entsprossen, trieben die im Innern der Höhle befindlichen rötlichen Kühe heraus, (sie zu) sich rufend (als) Erstrufende (als erste).
4. (Stómam imám punānâ ní ámṛkṣam duhitári Divás Aśvínos nítyam ná sūnúm tánayam dádhānā; té tráyas sam-vidānâs idám-me ávatā ukthám!) Dies Loblied habe ich (f.), (es) läuternd, zu eigen gegeben der Tochter des HIMMELS, den beiden AŚVÍN, nachdem ich es wie einen im Lande geborenen Sohn, einen leiblichen empfangen; indem ihr drei euch zusammenfindet, erweckt dies Wort mir zu Leben!

Die Somaströme wie Wägen zum Rausche dahinschießend

1. Hinvānâsas ráthās-iva patáyanti gábhastyos mádāya sómāsas sunvānâsas.

2. Máhi sádma dáivyam pári yâsi nábhas vásānas nūnám, hávişmas nábhasvas!
[sádma/mächtiger Sitz: die Seheropferstätte; Soma zur Sonne geworden]
3. Vásānas nirṇíjam dr̥śé súar ná nâma jánata mânuṣyai viśé amr̥tatvâya priyâṇi Sómas ukṣámānas Gandharvás.
[nâma/Ausdrucksformen: Strahlen]

Parvan 93

Die AŚVÍN Greise jugendlich, Tote lebendig machend

1. *Ihr beide* seid erschienen, o ihr beiden AŚVÍN, o ihr beiden Baldigen, (als) zu voller Größe gewachsene, die ihr das weiße Ross, das siegreiche, dem PEDÚ gegeben, das wünschenswerte, das wie BHÁGA von Mannen anzurufende, das eine Wonne ist.
2. Durch wessen geistige Kraft denn wurde des Sehers, der ans Greisenalter gekommen war, des KALÍ Lebenskraft wieder jugendlich gemacht? Durch die Kraft von *euch beiden*!
3. *Ihr beide* wahrlich, die beiden Nichtunwahrhaftigen: Den REBHÁ, den im Verborgenen weilenden, habt ihr heraufgeführt (heraufgetrieben), den gestorbenen gar, o ihr beiden AŚVÍN!
4. Erfüllend die gewahrbare Welt, o weithin Aufscheinende, bist erschienen auch *du*, hast aufgeschlossen du mit Licht das Dunkel.
5. Nicht schwinden machend die göttlichen Gebote, dahinschwinden machend die Menschengeschlechter ist – von denen, die (bereits) gewandelt sind, die letzte, von denen, die in ununterbrochener Folge sich aneinanderreihend (noch) heranwandeln, die erste – die Sonnenlichtreiche weithin erstrahlt.
6. Möchten *wir* Seher, die wir zerspalten den Finsternisfels, reingewischt, ja reingewischt werden durch (deine) Strahlen, o MORGENRÖTE!

Des SAVITÁR ungleichgewandete Werke

1. Nun spannen ein die Seher das feuerfarbene Ross, das feuerfarbene, das wandelnde um Stillstehende, den Lebensgeist des Gehenden und Stehenden.
[das feuerfarbene Ross: die Sonne]
2. Auf geht das Auge des VÁRUṆA (und des MITRÁ), der beiden Götter (Auge), die Sonne, sich ausdehnend.
3. Dessen, dem die Zunge eines Hirten, des SAVITÁR, des hervorgetretenen, des wirkmächtigen Denkens Mächtigen ungleichgewandete Werke sehen alle.
[ungleichgewandete Werke: die in verschiedenen Farbtönen schillernden Sonnenstrahlen?]
4. SAVITÁR, der Gott, ist herabgekommen, zu verschaffen Gaben dem Opferdarbringer, wünschenswerte.

Ich frage mich nach der Sünde, o VÁRUṆA, sie zu sehen wünschend

1. Vor das reine dem VÁRUṆA, das (ihm) am meisten Freude spendende Gedicht, o VÁSIṢṬHA, der du ein ein Wort gehört habender sein dürftest, eine Milchkuh, dem reichlich Gaben zuströmen lassenden, bring!
[eine Milchkuh: ein nährendes Wort]
2. Das (ist) zu Leben euer beider, o MITRÁ (und) o VÁRUṆA, Macht: In der Frühe stillstehend milchen die Milchkühe Tau, pissen die rötlichen Kühe Nass.
[die Milchkühe: Strahlen der MORGENRÖTE, zugleich die zoologischen Kühe; Tau: Tau bzw. Milch]
3. Eben jetzt, da ich zu des SONNENGOTTES Anblick gekommen, möchte ich des AGNÍ Antlitz, des VÁRUṆA sehen auf (seiner) Umlaufbahn, auf (seinem) Thron, in (seinem) Nachen, in (seiner) wasserumspülten Behausung, von der aus er aufmerksam schauend auf das Gerade in den Sterblichen und (ihre) verdrehten (Absichten) sieht!

4. Diese große wirkmächtigem Denken entspringende Tat auch des Sohnes des ÁSURA, des berühmten VÁRUṆA will zu Leben ich verkünden, (des VÁRUṆA,) der, stehend im Zwischenraum wahrlich, zu vermessen (durchmessen) vermag die Erde mit der Sonne als Messschnur; über die gewahrbare Welt besitzt du ja die Herrschaft – früher und heute wahrlich.
5. (Als) was (als) Unrecht getan habenden, (als) wen angeschmiert habenden, o VÁRUṆA, suchst du deinen Lobsänger zu töten, (deinen) Seherfreund?
6. Ich frage mich nach der Sünde, o reichlich Gaben zuströmen Lassender, (sie) zu sehen wünschend, und gehe zu denen, die inwendig Schauung halten, (sie) auszufragen.
7. Los soll mich VÁRUṆA machen, der mich gebunden! Sobald er (mich) vernommen hat, soll er lösen die Bande!
8. (Er,) der Gnade erweisen wird selbst dem, der Unrecht getan, den auch, der Unrecht getan, wieder leben lässt: *Wir* seien vor VÁRUṆA frei von Unrecht!
9. In *deiner* Botmäßigkeit möchten wir leben wirkende Reichung Erreichende sein, die wir das Denken darauf richten, Leben zu wirken, o VÁRUṆA, die wir (dich) lobsingen (als solche,) die nicht Unrecht getan der Kuh.
10. Verkünden nun will ich dem Volk, das inwendig Schauung hält: Nicht die Kuh, die frei von Unrecht, die ÁDITI, tötet!
11. Die wortfindende, das Wort aus dem Herzen emportreibende, mit allen Gedanken sich herbeibegebende Göttin, die von den Göttern herabgekommene Kuh, die wünschenswerte, hat zu Leben erworben der Sterbliche, auf dass er umhege die an Freudespendendem reiche.

Den dreihäuptigen, siebenzügeligen erhöhe ich, AGNÍ

1. (Vaiśvānarâya mīḻhúṣe sajóṣās kathâ dâśema Agnáye bṛhát bhâs?) Wie dürften wir, die wir gemeinsam (die Opfergaben) genießen, dem Sohn des alle Menschen umfangenden Himmels, dem reichlich Gaben zuströmen lassenden AGNÍ darbringen gewaltigen Lichtschein?
[Lichtschein: Gedicht]
2. (Sâma máhi sahásraretās vṛṣabhás vividvân máhyam prá íd-u vócat maghávā!) Der das Göttergewinnungslied, das mächtige, gefunden, der tausendsamige Stier, soll es *mir* wahrlich nun verkünden, der gabenreiche!
[der tausendsamige Stier: AGNÍ als den menschlichen Dichter inspirierender Dichter]
3. (Trimūrdhânam saptáraśmim gṛṇīṣé Agním pitrós-asya upásthe sîdantam cáratas dhruvásya upásthe sáhamānam titviṣvâṃsam dīdivâṃsam trîṇi vidáthāni nákṣantam víśvā divás rájāṃsi paprivâṃsam.) Den dreihäuptigen, siebenzügeligen erhöhe ich, AGNÍ, den in seines Vaters (und seiner Mutter) Schoß sitzenden, in dessen, was wandelt, was feststeht, Schoß siegreichen, den aufblitzenden, den leuchtenden, den in die drei Seherräumen gelangenden, den alle Räume des Himmels erfüllenden.
[die drei Seherräumen: Erde, Zwischenraum, Himmel]
4. (Déva hótar!, práyasvān cikitvân mahás devân Ródasī â ihá vákṣas!) O Gott, o Rufer der Götter und Opfergusspriester, (als) reich an Freudespendendem, (als) aufmerksam Schauender sollst du die großen Götter (und) HIMMEL-UND-ERDE hierher fahren!
5. (Víśve devâs ánamasyan bhiyānâs tvâm, Ágne!, ná vidānâsas támasi tasthivâṃsam.) Alle Götter ehrten mit Verbeugung, sich fürchtend, *dich*, o AGNÍ, als sie (dich) nicht fanden, der ins Dunkel du dich gestellt.
6. (Ródasī ánu bṛhatî ichántas vévidānās prá Marútas jabhriré yajñíyāsas; vidát mártas tvâm cikitvân antar-vidvân sasṛvâṃsam-iva tmánā īyivâṃsam áti dásyūn padé paramé tasthivâṃsam.) Himmel-und-Erde, die gewaltigen, entlang zu suchen, um zu finden, ja zu finden hatten die MARÚT hinweg sich getragen, mit Opfergaben zu erquickende; (doch) es fand der sterbliche (Mensch) *dich*, nachdem Schauung inwendig er gehalten, nachdem er (dich) im Innern hatte gewahrt, der du

dahingeeilt warst gleichsam von selbst, der du gegangen warst über Erschöpfergeister hinaus, der du dich zu dem Fußabdruck, dem fernsten, begeben hattest.
[der sterbliche (Mensch): kollektiv bzw. nach 10,51,3 YAMÁ; der Fußabdruck, der fernste: die Sonne]
7. (Vividvâṃsas rákṣante víprās-tvā adyâ-ca; ririkvâṃsas kṛṇváta tanúas amŕtās śriyás, yáthā sákhīnām pârthivānām nímiṣi-cid rákṣānte ghṛtávantam: Tâbhis-ha paramâd padâd áva páśyan yáśasvantam divyáis cákṣurbhis.) (Als dich) gefunden habende wachen Seher über dich, auch heute; als (ihre Leiber) losgelassen habende verschaffen sie sich Leiber, unsterbliche, von Herrlichkeit, auf dass sie selbst bei (ihrer) Seherfreunde, der irdischen, Augenschließen zu wachen vermögen über den schmelzbutterreichen: Mit deren (der Leiber) Hilfe wahrlich sehen sie vom höchsten Fußabdruck aus herab auf den glanzreichen mit himmlischen Augen.
8. (Tvám, Ágne!, rátnam yásyās jyótis ájasram, Áditis edhí devî!, déva!, dāśúṣe sádam.) *Du*, o AGNÍ, deren Gabe Licht, unerschöpfliches, ÁDITI sei, die Göttin, o Gott, dem, der Opfer darbringt ohne Unterlass!

ÍNDRA viele Morgenröten und Erntezeiten hindurch hervorströmen lassend die Ströme

1. Suvṛktíbhis váyas ná vâvadatas vayám-u sunvántas tuṣṭuvâṃsas syâma dadhṛṣúsas śûrasya kármāṇi hṛdás budhnâd!
2. Jaghanvân-u, Índra sámbhṛtakrato!, Vṛtrám, áyachathās bāhvós vájram.
3. Apâm vavrám Vṛtrám dadṛvân ápa tám vavâra.
4. Pūrvîs uṣásas śarádas-ca Vṛtrám śaśṛvân ásṛjat prá síndhūn.
5. Sás saptá víprais ádrim, Índra śácīvas!, Valám-ha rávena dadártha.
6. Prá-te pûrvāṇi kármāṇi, védhas!, ā-vidvân áha âha vidúṣe kármāṇi.

Parvan 94

Dreimal sieben Namen trägt die Kuh

1. Nieder habt ihr euch gesetzt, o Seher, durch dem Herzen entquellende Worte aufzubinden das Dunkel, zu verschaffen Himmel und Erde eine Bahn.
2. Rings um das Opfer haben sie beide sich niedergesetzt, der Geschöpfe Mutter (und Vater).
3. Nieder haben wir uns gesetzt, Priester, durch erstrahlende Worte zu verschaffen den rötlichen Kühen einen Weg, dem Goldschmuck des Himmels eine Umlaufbahn zu erfurchen; gekündet hat mir VÁRUṆA, dem geisteswachen: „Dreimal sieben Namen trägt die Kuh."
4. Die Strahlen der MORGENRÖTE, die uraltehrwürdigen, sind weithin erstrahlt, die feuerfarbenprächtigen, wünschenswerten, die BŔHAS PÁTI herausgeworfen hat aus den Wolkenbergen.
5. Die Leben wirkende Worte erweckenden, mit Leben wirkenden Strahlen begabten Strahlen der MORGENRÖTE sind reichlich erstrahlt und selbst auch (du), o AGNÍ, bist erstrahlt in den Grenzen der Größe der Erde.
6. (Als) Rufer der Götter und Opfergusspriester haben den AGNÍ eingesetzt Menschen, geisteswache, kühebegehrende, den, der gegangen über Erschöpfergeister hinaus.

ÍNDRA des Alls ebenbürtiges Gegenstück geworden

1. Wie ein Vogel lobsingend möchte *ich*, ein (Soma) pressender, des den VŔTRA zerschmettert Habenden Lobsänger sein, des unbetrügbaren, der des Alls ebenbürtiges Gegenstück geworden.
2. Hören soll uns, der dank SÓMA den Blitz aus den Gewitterwolken setzt, hören soll uns ÍNDRA!
[dank SÓMA: von SÓMA gestärkt]

3. Du erschlugst, zerspaltetest, o reichlich Gaben zuströmen Lassender, den VṚTRÁ, niedergeworfen hat deine Keule den Sohn der HIMMELSFEUCHTE, auf brachst du die (Wolken)burgen, erfurchtest gleichsam die Ströme. Durch wessen geistige Kraft, o lebendiger Gott, hast du (das) vermocht?
4. VṚTRÁ, der des ÍNDRA ebenbürtiges Gegenstück zu sein hatte gesucht, sprach, als in des düsteren Raumes Tiefe (zu ewiger Ruhe) er sich legte, im Sterben: „Nicht habe ich betört (meinen) Bezwinger, in dessen Arm die Blitze blitzen, nicht habe ich besiegt den geisteswachen.

Wer seid ihr, o Herren, die als herrlichste ihr herbeigeblitzt seid aus fernster Ferne?

1. (Ké sthá?, náras!, kád kṣétram ririkvâṃsas?, śréṣṭhās yé ékas-ekas â mimikṣidhvé paramásyās ádhi parāvátas.) Wer seid ihr, o Herren, welche Flur preisgegeben (losgelassen) habende, die als herrlichste einer nach dem anderen ihr herbeigeblitzt seid aus fernster Ferne?
2. (Kúa-vas áśvās? Kathâ śeká? Kathâ yayá?) Wo (sind) eure Rosse? Wie habt ihr (das) vermocht? Wie seid ihr gekommen ([hierher] gewandelt)?
3. (Kúa-vas rukmâs?, śubhé yân yetidhvé vákṣaḥsu ádhi purâ-cid.) Wo (sind) eure Goldschmuckstücke, die zu Prunke euch aufgereiht ihr hattet auf (eure) Brüste – früher wahrlich?
4. (Rodasî íd mimyákṣa samanâ nú-ca yuṣmé devî híraṇyanirṇik.) Rodasî nur blitzt in gleicher Weise wie immer nun auch unter euch, die Göttin, die in goldene Prachtgewandung gehüllte.
5. (Párā áha púnar mimikṣúr máhyam śumbhámānās ayâsas Marútas cikitúṣe.) Hinweg wahrlich wieder sind geblitzt *mir* die prunkenden, ihrer Lebenskraft niemals ermangelnden MARÚT, (mir) dem aufmerksam Schauenden.
6. (Yád śám-ca yós-ca Mánus â yejé pitâ, tád ahám, imâm yás-vas matím yayáma, nákṣeyam cékitānais!) Welche Wohlfahrt und Segensfülle MÁNUS sich eropfert hat, (unser) Vater, zu der möchte *ich*, der ich euch dargereicht dies Dichterwort, gelangen durch (euch,) die aufblitzenden und aufblitzenden (MARÚT)!

Lasst pissen ihr beide das Regengewölk für die einfältigen Opferdarbringer!

1. Ádhi yâ bṛhatás divás abhí jánān páśyatas namasíā, ní sedátur śyené ukṣámāne vidáthāni paprúṣi trîṇi.
2. Ní sasáttha tvám, vratâni yásya dhruvâṇi, Váruṇa!, pastíāsu â sâmrājyāya sukrátus. [pastíāsu / in wasserumspülte Behausungen: auf die Sonne (poet. Plural)]
3. Pári samrâjam spáśas ní sediré, ná yám dípsanti dipsávas ná drúhvāṇas jánānām.
4. Sám yâ dânūni yemáthur divyâs pârthivīs íṣas, nábhasvatīs â-vām cárantu vṛṣṭáyas! Meháyatam nábhas pâkebhyas dāśvádbhyas nís-sṛjānâ apás!
5. Yébhyas hávanam havís-ca prathamám â yejé Mánus mánasā saptá hótṛbhis, té âdityās!, ábhayam śárma yáchata!

Parvan 95

Männern zugekehrt wie eine Bruderlose gehst du auf, o MORGENRÖTE!

1. Die rötlichen Kühe, die uralten, sind weithin erstrahlt, in gleicher Weise wie immer, die feuerfarbenen, wünschenswerten, die BṚHAS PÁTI herausgeworfen aus den Wolkenbergen, die das Dunkel aufbindenden (Kühe).
2. Offenbar bist du geworden, o nach verschiedenen Richtungen Gewandte, wie eine Bruderlose gehst zu Männern du, (ihnen) zugekehrt; wie eine Frau in schöner Prachtgewandung, die einen Mann begehrt, prunkst du hervor.

3. Den die Kühe in Zaum haltenden, um sie herum seienden Finsternisfels, den festverschlossenen Pferch, den kuhreichen, machten die Männer, kühebegehrende, durch göttliches Wort auseinander, unsere Väter: Herbeigeblitzt sind deine Töchter, o MORGENRÖTE!
[deine Töchter: die Strahlen der MORGENRÖTE]
4. Durch *deine* Herrlichkeit, die nach verschiedenen Richtungen gewandte, o Göttin, wurden zu Leben sehende Götter die Priester der Urzeit, indem viele Gaben sie empfingen durch dich.
5. Leuchtend auch *uns*, zugewandt einander Zugewandten, o Reicherin Leben wirkender Reichung, sei, uns loben wollen wir dich.
6. Fort von uns die Hassmacht, fort das Angstgespenst, fort Unheilsmächte treibe, die nach verschiedenen Richtungen gewandten!
7. Wer die MORGENRÖTE emporziehen lässt, die kosmische Ordnung aufspannt, (dem) nur ist die kosmische Ordnung hold (den nur liebt die kosmische Ordnung).

AGNÍ Himmel und Erde auseinandersetzend

1. Die beiden großen, Himmel (und) Erde, zwei aufblitzende, sind aufgeschienen hier durch der Seher erstrahlende Worte, auf dass, der auseinandersetzt die beiden gewaltigen, (ihr) Sohn, brüllt wahrlich in Freude, der Bulle mit (seinen) sich ausbreitenden Kräften.
2. Deine Zunge, welche (als) süßreiche, o AGNÍ, (bis) zu den Göttern ertönt, die weitumfassende: Mit der rufe dir hierher zur Erquickung all die durch Opfergaben erquicken sich Lassenden, o den düsteren Raum mit (deiner) Flamme Erfüllender!
[ertönt: das Knistern des Feuers]
3. Hin zu AGNÍ mögen wandeln der Opfernden Milchkühe brüllend, (hin zu) dem, der des großen SONNENGOTTES Lichtwunder hervorbringt!
[Milchkühe: Gedichte]
4. Die beiden einander zugewandten, HIMMEL-UND-ERDE mögen hervorbringen aus dir, o ÁGNI, den wandelnden SONNENGOTT, nachdem (zuvor) rings ergriffen sie ihn im Geist!

ÍNDRÁ uns jauchzen machend

1. ÍNDRÁ will ich lobsingen, der die Erde erfüllt, den über die (Himmels)ströme hinausragenden durch (seine) Größe.
2. Mit dem SONNENGOTT gemeinsam erscheinend, o du, der du zerspalten den Schlangerich, der du bestiegen den Wolkenberg, mit dem aufmerksam schauenden gemeinsam kommend machst du uns, (Soma) auspressende, jauchzen – (seid ihr doch) zwei ergötzliche Götter.
3. Unter ordneten sich die Tage, die Monate, unter wahrlich die Bäume, unter die Pflanzen, unter die Berge, unter dem ÍNDRA Himmel-und-Erde willig (als Begehrende), unter die Wasser, als er (eben) geboren.
4. Auseinandergestemmt hast du die Erde, (sie) zum Gegenstück (deiner) Größe dir machend, (und) den Himmel vor dem Angesicht (deines) Bruders RUDRÁ, dessen Söhne, o Gabenreicher, aufblitzen lassend.

Die sieben Rufer der Götter und Opferpriester einander zugewandt beim Soma sitzend

1. Zusammengekommen sitzen einander zugewandt die lichtenden, ja lichtenden sieben Rufer der Götter und Opferpriester, die sieben Schwestern haben, beim Soma, den Schritt des *einen* zu führen, des zum Himmelsgewölbe wandelnden.
[sieben Schwestern: sieben Stimmen]
2. Zum gemeinsamen Schoß, der auf zu des geordneten Weltalls Rücken schreitet, begeben sich – (ihm) in großer Zahl (als viele) zubrüllend – (als) des Spähers Mütter die GEDICHTINNEN, Bewohnerinnen desselben Nestes.

[Schoß: SÓMA – als den Dichter zum Gedicht inspirierender Gott Schoß/Vater/Erzeuger der GEDICHTINNEN; der auf zu des geordneten Weltalls Rücken schreitet: SÓMA, zur Sonne geworden, aufgehend; des Spähers: SÓMA als Sonne; Mütter die GEDICHTINNEN: GEDICHTINNEN zugleich Mütter des SÓMA, ihres Vaters! – ein beliebtes Paradoxon – Mütter, da sie dazu beitragen, dass SÓMA als Sonne am Himmel sichtbar wird, gewissermaßen ein zweites Mal geboren wird; Bewohnerinnen desselben Nestes: die Seheropferstätte als Nest]
3. Sobald den auf den Himmel zuschießenden (zum Himmel heran dahinschießenden), mit Leben wirkenden Flügeln begabten GANDHARVÁ mit dem Herzen (danach) strebend die Seher erblickt haben, des VÁRUṆA Boten, (da) stellt er sich auf das Himmelsgewölbe, (ihnen) zugekehrt, tragend seine feuerfarbenprächtigen Waffen.
[GANDHARVÁ: SÓMA als Sonnengott; seine feuerfarbenprächtigen Waffen: die Sonnenstrahlen]

VÁRUṆA soll den Stier herbeischaffen!

1. Herbei, o du, der inwendig du Schauung hältst, rufe dir, die von Leben wirkender geistiger Kraft, die beiden Götter zu erquicklicher Hilfe, o Geisteswacher, des Dämons RUPFER Vertilger!
[o Geisteswacher: Selbstanrede des Sängers]
2. VÁRUṆA soll ihn, den (uns) zugewandten, herbeischaffen, den mit Opfergaben erquicken sich lassenden Stier, den die drei Seherräume erfüllenden!
[Stier: Sonne]
3. Wachsen lassende die Lichtflut des über das All Herrschenden (seid) *ihr beide*, im Einklang mit göttlichem Willen wachend über den dahineilenden.
[des über das All Herrschenden: des SONNENGOTTES]
4. Mögen *wir*, die Unrecht wir getan zu Leben Redenden, betört haben gutes Werk Wirkende, der beiden Wächter des hoch oben Dahinwandelnden Gnade empfangende sein!

Selbst opfere dich, o ALLSCHAFFENDER, Erde und Himmel wachsen zu lassen!

1. (Nû, Ródasī!, bṛhádbhis várūthais uruvyágbhis pátnīvadbhis sajóṣe urūcî imé-ca víśve yajaté ní pātám śúcīn-nas!) Nun, o HIMMEL-UND-ERDE, hütet mit (euren) gewaltigen Schutzmächten, den weitumfassenden, den von ihren Gemahlinnen begleiteten, (als) gemeinsam (die Opfergaben) genießende, (als) weitumfassende auch selbst alle beide, (als) mit Opfergaben zu erquickende aufmerksam uns, die Reinen!
2. (Urūcî mahî pitâ mātâ-ca bhúvanāni rákṣatas samīcî.) Zwei weitumfassende wachen die beiden großen, Vater (Himmel) und Mutter (Erde) über die Wesenheiten, zwei einander zugewandte.
3. (Víśvakarman!, havíṣā vāvṛdhānás védī: Svayám yájasva tanúam-te pṛthivîm utá dyâm vṛdhānás!) O ALLSCHAFFENDER, der du durch Opferguss wächst auf der Seheropferstätte: Selbst opfere dich, deinen Leib, Erde und Himmel wachsen zu lassen!
[O ALLSCHAFFENDER: AGNÍ; selbst opfere dich: verzehre dich als Opferfeuer; deinen Leib, Erde und Himmel wachsen zu lassen: um, dich in die Sonne verwandelnd, durch das Sonnenlicht Erde und Himmel, das ganze Universum als deinen Leib hervorzubringen]

Der goldhändige lebendige Gott

1. Híraṇyahastas ásuras sumṛḷīkás prá yâtu budhnâd pastíānām arvâṅ mūrdhâ svánīkas!
2. Pratyáṅ devânām víśas pratyáṅ mânuṣān úd éti bhrâjamānas rukmás mīḍhvân āré'arthas pratyáṅ víśvam tatanvân víśvasmai rarivân víśvasmai súar.
3. Stotṛ́bhis anu-madyámānas vi-śráyamāṇas amátim urūcîm Savitâ apa-bâdhamānas vidáthād dásyūn.

Parvan 96

Im Anfang

1. Aus dem Ozean (ist) die Welt, aus ihm (von dort) wahrlich emporgestiegen der Luftraum, aus ihm (von dort) haben Himmel (und) Erde sich ausgebreitet.
2. Und des Anfangs Nass, das unversiegbare, und das geordnete Weltall und (alles) Lebendig-sichtbare: Aus der hinzuentzündeten Schmerzensglut (ist es) aufgerichtet (worden).

Die MORGENRÖTE das Lebendige emportreibend, den Gestorbenen nicht erweckend

1. Jetzt ergießen sich wie Ströme die Strahlen der MORGENRÖTE – jene, die, geschleudert von den Priestern der Urzeit, sich ergossen in der Urzeit, wann immer bei demselben Pferch, dem fest verschlossenen, zusammengekommen, sie dasselbe erkannten, die geisteswachen.
2. Nicht schwinden machend die göttlichen Gebote, dahinschwinden machend die Menschengeschlechter ist – von denen, die (bereits) gewandelt sind, die letzte, von denen, die in ununterbrochener Folge sich aneinanderreihend (noch) heranwandeln, die erste – die MORGENRÖTE weithin erstrahlt.
3. Weithin erstrahlend, das Lebendige emportreibend (ist) die MORGENRÖTE, den Gestorbenen (jedoch), welchen auch (immer), nicht erweckend.
4. Mit schwarzen geschmückt die NACHT, die MORGENRÖTE mit hellleuchtenden Farben wandeln die beiden herbei, die eine, die andere, in immer gleicher Weise.

AGNÍ von MĀTARÍŚVAN aus der Ferne hierher geführt

1. Inmitten endlosen Dunkels, rings (in dieses) gehüllt blitzt er herbei, der lichte, lichtreiche, aufleuchtende, ja aufleuchtende, brüllende, zu Leben geborene, (uns) zugewandte.
2. Hineingegossen (ist) der Opferguss, der nichtalternde, in den (allen) gemeinsamen König, der (als) auseinandergetragener nach vielen Seiten über die Hölzer hin liegt.
3. Das Aussehen des AGNÍ (ist) wie lichte Schmelzbutter, erhitzte, der Kuh, (ist) wünschenswert.
4. Vor, vor zu *dir* gehen die einen, herum (um dich) sitzen die anderen, in deren Seher- und Freundschaftsbund du gefügt bist; an *dich*, o Aufblitzender, setzen sich die Tiere gemeinsam, den gemeinsam entzündeten.
5. Ihm, dem Dahinstürmenden, Seherdienst ihm zu tun, gingen an der Wasser Versammlungsort – wie einem Stück Vieh anhand der Fußabdrücke – die Priester der Urzeit nach, zu finden den verschwundenen.
6. Den, der gegangen über Verfolger hinaus, AGNÍ: Wieder fanden ihn die unbetrügbaren Priester der Urzeit – wie einen Löwen, (ihn,) der, in die Wasser gestiegen war.
7. Den, der dahingeeilt war gleichsam von selbst, der sich in die Wasser hinweggesetzt, der in die Pflanzen eingegangen, den führte MĀTARÍŚVAN aus der Ferne von den Göttern hierher.
8. (Als) des Gewordenen einziger Herr war AGNÍ geboren; auseinander richtet der Bulle die beiden einander zugewandten mit (seinen) sich ausbreitenden Kräften, (sie) zu erwärmen mit (seiner) Flamme; durch ihn (ist) die Himmelin, die weitumfassende, und die Erde befestigt.
9. Hast du dich gesetzt als Rufer der Götter und Opfergusspriester, rufe die Unsterblichen, die unbetrügbaren, herbei alle, o reichlich Gaben zuströmen Lassender, die den Opferguss, den in dich hineingegossenen, durch *deinen* Mund verzehren.
10. Dir, der über das Himmelsgewebe hinweg schreitender du sein wirst (als) Sonne, tragen in Gestalt (dieses) Preisliedes (durch dieses Preislied) einen Opferguss wir zu, der mit dem Herzen gebildet: Der soll dir Bullen sein!

Des SONNENGOTTES ungleichgewandete Werke beschauen

1. Auf nun geht der Aus-dem-Dunkel-Hervorholer der Geborenen, die den Menschenkindern zugekehrte Fackel des SONNENGOTTES, der die (allen) gemeinsame Seihe herum (und) herzu zu drehen strebt, die der Eilehengst zieht unter Joche gespannt.
[Seihe: Sonne]
2. Nun sollen die Geborenen, vom SONNENGOTT, dem fernhin aufgeschienenen, aus dem Dunkel hervorgeholt, an die Ziele ihres Sterbens gehen, (ihre) Werke tun!
3. Dessen, dem die Zunge eines Hirten, dessen, der hervorgetreten, der auf das Himmelsgewölbe steigt, der hineingebaut in lichtvolle Flur, ungleichgewandete Werke sehen all die wirkmächtigen Denkens Mächtigen.
[ungleichgewandete Werke: die durch das Sonnenlicht sichtbar gewordene Vielfalt der Welt]
4. Jenen des VÍṢṆU höchsten Fußabdruck dort besehen ohne Unterlass Sonnenlichtige, (ihn,) der am Himmel als Auge hingebreitet.

Zusammen mit dem Goldschmuck sollst du erscheinen, o ÍNDRA!

1. Zusammen mit dem Goldschmuck sollst du erscheinen, o ÍNDRA, o Furchtloser, zusammenkommend mit dem nach verschiedenen Richtungen gewandten: Deine weithin berühmte Macht, o Gabenreicher, scheine über den Himmel hin mit Stärke auf!
[mit dem nach verschiedenen Richtungen gewandten: mit der Sonne; Macht: die Sonne]
2. ÍNDRA (ist) des Fahrenden, dessen, der ausgespannt hat, König, der mit der Keule im Arm, der von Kraftquellen umschlossene (hin-umschlossene).
3. Deine Keule, o ÍNDRA, hat niedergeworfen des VṚTRÁ Haupt im Rausch des ausgepressten (Soma) mit Stärke: Der des ÍNDRA ebenbürtiges Gegenstück zu sein hatte gesucht, legte sich vielerorts – auseinandergeschleudert.
4. Viele Morgenröten und Erntezeiten hindurch, (im Lied) erhöhte, hast du, nachdem VṚTRÁ du hattest zerspalten, dahinsausen lassen die Ströme, die (zuvor von diesem) umstellten, umschlossenen.
5. Mögen nicht (als) Stumpfsichtige, o ÍNDRA, nieder setzen wir uns, die wir genießen den ausgepressten (Soma)!

SÓMA das wahrhaftseiende Dichterwort zu Leben erweckend

1. Der lobgesungene König hier werde gelobt, der Seher!
2. Welches Dichterwort wahrhaftseiend (ist), das wahrlich erweckt SÓMA zu Leben, erschlägt das nichtseiende.
3. Des GANDHARVÁ Seihe (ist) ausgebreitet (ausgedehnt) auf des Himmels Fährte nun; ihre Strahlen haben sich auseinandergestellt.
4. Wo Licht, unerschöpfliches, in welchen Raum das Sonnenlicht gesetzt, in den *mich* setze, o du, dich läuternder, in die unsterbliche (Licht-)Welt, die unversiegbare!

Des SÓMA Pflanzen der Somapflanze ihre Kraft verleihend

1. Welche Pflanzen (als) erste geboren, vor den Göttern, (an die) will denken nun *ich*, an die hundert von brandfarbenen.
2. Unter den Flügeln der Bäume (sind) euch Wohnstätten gemacht, o ihr, die ihr SÓMA zum König habt!
[Flügeln: Blättern]
3. Welche Pflanzen SÓMA zum König habend dies (Wort ihm) zugekehrt hören, welche sich auseinandergestellt über die Erde hin und welche in die Ferne fortgegangen alle: Von BṚHAS PÁTI aus dem Dunkel hervorgeholt, gebt der Somapflanze hier gemeinsam (eure) mannhafte Kraft!

Lobe dir, o Seher, den Blitzer RUDRÁ, die donnernden MARÚT!

1. Lobe dir, o Seher, den RUDRÁ, dessen Blitz, vom Himmel herabgeschleudert, ringsum in den Grenzen der Erde wandelt.
2. Die blitzende Schar, die mächtige, die im Gewittergewölk donnert, die wirkmächtigen Denkens mächtige, die eine Wonne seienden (MARÚT), die unermessliche an Größe, lobe dir, o Sänger, die Leben wirkende Gabe bereithaltenden Mannen bring zur Ruhe durch ein Erhöhungslied!
3. Zugleich geboren, zu Leben seiend sind zu Herrlichkeit wahrlich herangewachsen die Mannen wie des SONNENGOTTS Strahlen, die nach verschiedenen Richtungen gewandten.
4. Dieses Feuer, das, o ihr MARÚT, gemeinsam entzündet: Das genießt, o ihr Seher, o ihr ewig Jugendlichen!

Nicht mögen wir sein auseinanderströmenden Wassern gleich!

1. Fernhin dem Gemeinsamkönig will ein gewaltiges ich erstrahlen lassen, ein tiefes dem Herzen entquellendes Wort, ein Freude spendendes dem VÁRUṆA, dem berühmten; *dir* soll ins Herz (es) gelegt sein wahrlich!
2. Von (seinem) Nachen aus, der die drei Seherräume wahrlich erfüllt, all die Werke (auch), die jenseits dessen, was sichtbar, aufmerksam schauend, sieht er auf die getanen und die zu tun sind. [Nachen: Sonne; Werke (auch), die jenseits dessen, was sichtbar: die vergangenen und künftigen Werke]
3. Wenn ich Unrecht getan habend gehe wie ein Blasebalg aufgeblasen, o VÁRUṆA, fahrt ihr uns heute, o Söhne der ÁDITI, aus getaner, aus ungetaner Sünde heraus zu Segen!
4. Du setze uns aus dem Rachen der Wölfe ins Weite, den wie ein Dieb gebundenen, o ÁDITI! Nicht mögen wir sein Nichtseiende – wie Wasser, auseinanderströmende aus des PARJÁNYÁ auseinandergebundenem (geöffnetem) Schlauch!
5. Den, der den beiden Königen, des geordneten Weltalls Leitern, Opfer darbringt, den gedeihen sie lassen beide, (ihn) selbst und (seine) Milchkühe, der fährt, an Reichtümern reich, (als) erster mit dem Wagen bei Wettkämpfen, in Seherversammlungen vor (anderen) lobgeredet.

Der verborgene Atem

1. Yás ātmânam cakâra, ná sás-asya véda, yás-īm dadárśa, ví-yutas íd nú tásmād.
2. Ātmâ mātúr yónau pári-vītas antár bahuprajâs: Nírṛtim â vivéśa.

Unerschöpflicher Reichtum des reichlich Spendenden

1. Utá-u rayís pṛṇatás ná úpa dásyati. Utá ápṛṇan: Devám mīḍhvâṃsam ná vindáte.
2. Nâkasya pṛṣṭhé-ha ádhi tíṣṭhati śritás (obwohl śri nur im Atm.[!] ‚besteigen' bedeutet) pṛṇán.

Sichtbar wurde das Wort, was ihr Herrlichstes war, durch ihre Freundschaft

1. (Ádhi vācí kásya lakṣmîs ní-hitā ádhi girí? Vídvān máhyam prá íd-u vócat!) In das Wort: Wessen Ausgezeichnetheit (wurde in es) hineingelegt, in das Erhöhungslied? Der, welcher (es) erfahren hat, soll (es) *mir* wahrlich nun verkünden!
2. (Kavīnâm prathamânām pûrveṣām ŕṣīṇām bhadrâ lakṣmîs ní-hitā vācí.) Der ersten Seher, der uraltehrwürdigen Sänger lichtvolle Ausgezeichnetheit (wurde) hineingelegt in das Wort.
3. (Kéna āvís ábhūt vâk, gúhā yâ ní-hitā âsīt ágre, cittâ yâ hṛtsú áśayat ágre?) Wodurch wurde sichtbar das Wort, das ins Verborgene gesetzt war im Anfang, das (als) Erschautes in den Herzen ruhte im Anfang?
4. (Āvís ábhūt vâk āvís ábhūt, yád-eṣām śréṣṭham âsīt, preṇâ prathamânām kavīnâm preṇâ pûrveṣām ŕṣīṇām sakhyéna, samyáñcas yé âsata saṃjānántas punántas vâcam Bráhmaṇas Pátes pavítreṇa hṛdí.) Sichtbar wurde das Wort, sichtbar wurde, was ihr Allerherrlichstes war, durch (ihre)

Freundschaft, durch der ersten Seher Freundschaft, der uraltehrwürdigen Sänger Seherfreundschaft, die einander zugewandt saßen gemeinsam erkennend, läuternd das Wort mittels des BRÁHMANAS PÁTI Seihe im Herzen.
5. (Ánu vindéma vâcam áṅgirahsu prá-viṣṭām! Ví-tatam syât, Bráhmaṇas Páte!, pavítram-te adyâ-ca!) Mögen wir wiederfinden das Wort, das in die Priester der Urzeit (zu)voreingegangene! Möge ausgebreitet sein, o BRÁHMANAS PÁTI, deine Seihe auch heute!

Parvan 97

Du, o AGNÍ bist ARYAMÁN, des Seienden Herr, du bist König VÁRUṆA

1. Dieses zu Leben gebildete Dichterwort möchten zu Leben dem AGNÍ aus dem Herzen wahrlich wir künden – dem vor seiner rings sichtbaren Erscheinung im Holz verhüllten, dem Seher des düsteren Luftraums, dem geisteswachen, den HIMMEL (und) ERDE umhegen (als) vor (anderen) lobgeredeten, indem sie (ihn,) den Seher, fest umfasst halten (zwei den Seher fest umfasst haltende).
2. Der du, o AGNÍ, an der kosmischen Ordnung Sitz dich gesetzt, um dich soll jetzt fliegen die eine Kuh, die Schmelzbutter, zu Leben geläuterte, als Speise fährt!
[der kosmischen Ordnung Sitz: die Seheropferstätte; die eine Kuh: das Schmelzbuttergefäß]
3. *Du*, o vor (anderen) Lobgesungener, (bist) ARYAMÁN, des Seienden Herr, *du* (bist) König VÁRUṆA, dessen Gebote (unverrückbar) feststehen, *du*, der zu Leben hervorgebrachte, (bist) die höchste Kraft.
4. Er soll uns, AGNÍ, führen, der im Voraus kennende, zu der Gabe, der (einstmals) von Göttern gereichten, die sein, die durch Denken (sie) alle, zusammengekommen, Unsterbliche, hatten herbeigeschafft, Vater HIMMEL (als ihr) Zeuger, die wahrhaftseiende, o Bulle!
[der im Voraus kennende: den weiteren Lauf der Sonne im Voraus kennende; Gabe: Sonne; hatten herbeigeschafft: hatten im Schöpfungsreigen herbeigechafft]

Auf den wohlbekannten Widder, den ÍNDRA, jauchzt!

1. Auf den wohlbekannten Widder, den vielgerufenen, den ÍNDRA mit erhöhenden Worten jauchzt, (auf) des lichten Gutes wachsende Flut, die unversiegbare!
[des lichten Gutes: des Lichts]
2. Wie Götter liebende Seher dem Gedicht entgegen, brüllen dem Lichtesfinder (freudig entgegen) erhöhende Worte, fernhin aufgeschienene, dem mächtigen, dem berühmten.
3. Als du erschlugst wahrlich, o du, der von gemeinsam hervorgebrachter geistiger Kraft, den VṚTRÁ, auf dass herausströmen du ließest die Wasser, (da) hattest du dir brüllend genommen (dargereicht) in beide Arme die Keule.
4. *Du*, o du von kühnem Geist, hast gemacht dir die Erde wahrlich zu einem ebenbürtigen Gegenstück (deiner) Kraft, o du, der du über die Berge hinausragst!
5. Erquicker mein sei, dessen, der ausgepressten Soma bereithält, (dessen,) der Bullen opfert, o ÍNDRA!
6. Mit den feuerdurchglühten *ihr beide*, o SÓMA (und o ÍNDRA), (euren feuerdurchglühten) Waffen, den nichtalternden, stoßt die Fressgeister nieder, werft nieder (sie,) die sich ausbreitenden!

Er weiß die zwölf Monate und ihren Nachwuchs, er, dessen Ratschlüsse unbetörbar

1. Entgegen euch beiden rufe ich bei aufgehender Sonne mit Leben wirkenden Worten, (entgegen) dem MITRÁ, dem VÁRUṆA, dem nichtaugenschließenden, der von geläuterter geistiger Kraft; zu Wohlfahrt soll uns ARYAMÁN, der vielgeborene, sein!

2. Zwei zu Leben Geborene, die beiden Herrscher haben sich auf den Thron gesetzt, haben die Herrschaft erlangt durch (ihre) Kraft.
3. „Ich weiß die Monate, (ich,) dessen Gebote (unverrückbar) feststehen, die zwölf nachwuchshabenden, weiß (den,) der hinzugeboren wird", kündet VÁRUṆA.
[die zwölf nachwuchshabenden: Schaltmonat als Nachwuchs]
4. Unbetörbar (sind) des VÁRUṆA Ratschlüsse: Weithin blickend wandelt der schimmernde Mond nachts.
5. Hinein mit (eurer) Fackel in die Burgen der Geborenen blitzt ihr beide, o ihr von geläuterter geistiger Kraft!
[in die Burgen: in die Herzen]
6. (Unsere) Ehrfurcht (Verbeugung) vor dir, o VÁRUṆA, wollen wir nun, o Mächtiggeborener, brüllend (*oder* begehrend/willig) aussprechen.
7. Nicht *ich* will, o König, wegen einer von einem anderen begangenen (getanen) Verschuldung, (noch auch) wegen eines von mir getanen Unrechts Buße schmecken. Mögen zu Gnade deinen Geist, den zürnenden, wir uns losbinden!
8. Hinweg nun zu Leben soll uns gehen der wohlbekannte Todespfeil, o Söhne der ÁDITI, hinweg der todesträchtige Gedanke von uns ohne getötet zu haben; führt (uns) ihr beide über Unwegsamkeiten hinweg!
9. Mit festen Gliedern möchten wir, die wir die im Himmelsgewebe Wandelnden lobsingen, mit (unseren) Leibern vollends erlangen welche Lebenszeit gottgesetzt!
10. (Ver)gehen werden die Monate der nicht Opfernden ohne (Sohne)mannen, wer Opfer in Form von Gedichten darbringt, wird den Nachwuchs sich vergrößern, wird Nachkommenschaft sich aufrichten.
11. Der Reine, der Unbetörbare wohnt Wassern zugekehrt (als) Ungeschädigter, (als) einer, dessen Kraft gediehen.

Gekochte nur erlangen den SONNENGOTT

1. (Āredŕ́śe devájātāya ketáve Divás putrâya Sûryāya arvācé śáṃsata tád ṛtám!) Dem in die Ferne sehenden, gottgeborenen Erleuchter, des HIMMELS Sohn, dem SONNENGOTT, dem (uns) zugewandten, redet zu Lob dies wohlgefügte Gedicht!
2. (Yāvayáddveṣasam-tvā, rúkma!, cikitānâsas, sûnṛtāvas!, práti stómais ábhutsmahi pratyáñcas.) Dem das Hassgespenst Fernhaltenden, dir, o Goldschmuck, haben aufmerksam schauend, o an schönen Gaben Reicher, entgegen mit Lobesworten gewacht wir (als dir) zugekehrte.
3. (Yé-te pánthās, víṣvaṅ!, pūrvyâsas súkṛtās antárikṣe: Átas ávīs-nas átas bhájas-nas svastáu tébhis-nas adyá pathíbhis sugébhis â ihí!) Die deine Pfade, o nach verschiedenen Richtungen Gewandter, (bereits) früher gewesene, zu Leben hervorgebrachte im Zwischenraum: Von dort sollst du erquicken uns, von dort sollst du Anteil haben uns lassen an (deinem) Segen, auf diesen Pfaden komm herbei zu uns heute, den gutgangbaren!
4. (Átaptatanūs ná aśnuté-tvā āmás, śṛtâsas íd sám aśáta Sûryam.) Dessen Leib nicht durchglüht, (der) erlangt dich nicht, der Rohe, Gekochte nur erlangen gemeinsam den SONNENGOTT.
[Gekochte: Sonnenhafte]

Die mit dem Goldschmuck auf der Brust

1. Ṛtájātās sujātâsas pŕ́śnimātaras Divás máryās â-nas áchā jígātana!
2. Práyajyavas Marútas bhrâjadṛṣṭayas bṛhát váyas dadhiré rukmávakṣasas.
3. Dānâ sáceya sūríbhis yâmaśrutebhis ṛṣṭî́s yudhâ sṛjádbhis!
4. Túbhyam-ca, Rúdra!, janitré Marútām námasā vidhéma kṣayádvīrāya! Áriṣṭavīrās juhávāma-te havís ajáram!

Parvan 98

Was ist das Holz, woraus Himmel und Erde herausgebildet die Sänger?

1. Vor zu euch beiden, dem großen HIMMEL (und der großen ERDE), haben wir ins Werk gesetzt den Anlobgesang, zu den (beiden) Lichten zu (ihrer beider) Lob vor (anderen).
2. Was denn (ist) das Holz und was der Baum, woraus Himmel (und) Erde herausgebildet die Sänger? Nennt sie, o ihr von Leben wirkendem Geist, die ihr die Sprosswerdung der beiden zu Leben Geborenen beaufsichtigt!
[o ihr von Leben wirkendem Geist: o ihr Seher]
3. Rings um das Opfer habt ihr beide euch niedergesetzt, o ihr beiden Getrennten, die ihr beide beachtet seit der Urzeit die kosmische Ordnung.

Die AŚVÍN Beglücker und Retter in höchster Not

1. *Ihr beide* seid erschienen, o ihr beiden AŚVÍN, die heraus den Túgrasohn ihr zogt aus den Wassern.
2. *Ihr beide* fuhrt mit dem Wagen dem VIMADÁ die ŚUNDHYÛ heim, des PURUMITRÁ Tochter, die junge Frau.
3. Auch die Strahlen der MORGENRÖTE ergießen sich jetzt, der nichtalternden, von BŔHAS PÁTI aus dem Dunkel hervorgeholt, die, von den Priestern der Urzeit geschleudert sich ergossen (auch bereits) in der Urzeit, wann immer bei demselben Pferch, dem fest verschlossenen, zusammengekommen, dasselbe (sie) erkannten, die geisteswachen.
4. *Du* ja, o BŔHAS PÁTI, fandest die Morgenröte, *du* das Sonnenlicht, *du* das Feuer, *du* hast durch erstrahlendes Wort auseinandergetrieben die Dunkelheiten.
5. Wie Vögel, wachende, wie Töne sprechende und sprechende, wie Wogen tosen (brüllen), (ihn) jauchzen zu machen, BŔHAS PÁTI entgegen erstrahlende Worte.

Zu den auf des Himmels Feste sitzenden Ungeborenen hingelangt

1. Nun sind die Kühe der jungen Frau, die nach verschiedenen Richtungen gewandten, im Einklang mit der Zudenkung des AGNÍ fortgegangen, fortgegangen bist *du*, o TODESGÖTTIN!
[die Kühe der jungen Frau: die Strahlen der MORGENRÖTE]
2. AGNÍ, der Bulle, der große, ist zugewachsen auf die beiden, Himmel-und-Erde.
3. Seher von durchglühten Leibern, deren Väter ihm, der sich hinweggesetzt hatte in die Wasser, wie einem Stück Vieh, einem verschwundenen, nachgegangen waren, führen nun (ihm) zugekehrt durch ihnen eigentümliche Kraft die Sprosswerdung des SONNENGOTTES herbei (setzen für sich herbei in Bewegung), einen mit Opfergaben zu erquickenden Namen zu empfangen.
[einen mit Opfergaben zu erquickenden Namen zu empfangen: als Götter verehrt zu werden]
4. Durch erschaute Leben wirkende Worte mit segnender Stimme Begabter, durch des AGNÍ ihm eigentümliche Kraft breitet sich aus die Sonne, wobei Gaben sie austeilt, (im Lied) erhöhte, breiten sich aus die Götter alle, fest umfasst zu halten die Welt.
[durch des AGNÍ ihm eigentümliche Kraft: Kraft, das Opfer/Wort an die Götter zu übermitteln; Gaben: die Sonnenstrahlen]
5. *Wir* (als) die Priester der Urzeit sind zu den auf des Himmels Feste gemeinsam mit Geborenen sitzenden ungeborenen Mannen hingelangt.
[*wir* (als) die Priester der Urzeit: in den aktuellen Priestern leben die früheren fort; mit Geborenen: mit Menschen]

Drei Schritte schreitet VÍṢṆU aus

1. Von dort sollen die Götter uns erquicken, von wo VÍṢṆU ausgeschritten ist über der Erde sieben Zonen hin (in den Grenzen der sieben Erdzonen).

[von wo VÍṢṆU ausgeschritten ist: vom östlichen Horizont; sieben Zonen: neben der Aufteilung in *drei* Erdzonen, etwa Zone der hohen Berge, fruchtbares Land, unwirtliche Küstenzone, s. 2,27,8, gab es offenbar auch eine in *sieben* Zonen]
2. Des VÍṢṆU Werke beseht, von wo aus er die Gebote beaufsichtigt, des ÍNDRA verbündeter Seherfreund!
[des VÍṢṆU Werke: aufgehende, im Zenit stehende und untergehende Sonne; Gebote: die unverbrüchlichen Satzung (vgl. 3.), denen himmlisches und irdisches Leben unterworfen sind]
3. Drei Schritte schreitet VÍṢṆU aus, der Kuhhirt, der unbetörbare, von dort unverbrüchliche Satzungen festzulegen (zu befestigen).
[von dort: von der Sonne aus]

Denkmächtig sind durch des VÁRUṆA Macht die Geborenen

1. Dhîrās Váruṇasya mahinâ jánās, ví yás tastámbha ródasī-cid urūcî nâkam ví minóti urviyâ.
2. Prá nâkam ṛṣvám nunudé dṛḻhám paprâtha-ca bhûma; ápa tyé stenâs-yathā nákṣatrās yánti aktúbhis.
3. Yáu îśāte bhúvanasya prácetasā víśvasya sthātúr jágatas-ca yáyos asuríam ákṣitam jyéṣṭham: Táu-nas asmátkṛtād anyákṛtād énasas pári adyâ pipṛtám stenân baddhân-iva!, dévā! Ví mṛḻīkâya-te mánas hṛṇānám sīmáhi!
4. Yás râjānau ṛtaníā ohānás dadâśa, yám vardháyanti paśûn-ca nítyān, sás revân yâti ádabdhas prathamás ráthena vidátheṣu prá-śastas.

ÍNDRA ohne Freund unter den priesterlichen Gefolgsleuten des reichen Protzen

1. (Índram stávā dhŕṣanmanasam nŕtamam, yás-asya mahnâ ví babādhé trîṇi rócanā) ÍNDRA will ich lobsingen, den von kühnem Geist, den mannhaftesten, der durch seine Macht auseinandergetrieben die drei Lichtsphären.
[die drei Lichtsphären: erstens die Sphäre, in der der Mond, zweitens die Sphäre, in der die Sonne und drittens die Sphäre, in der die Gestirne kreisen]
2. (Śácībhis ví tastámbha pṛthivîm utá dyâm, íti uvâca sambhŕtakratus.) „Durch (meine) Lebenskräfte habe ich Erde und Himmel auseinandergestemmt", spricht der von gemeinsam hervorgebrachter geistiger Kraft
3. (Tvám, Tváṣṭar!, yújyam Índrāya-cid vāvṛtsé ójas tatákṣitha vájram, áhim yéna dadâra.) *Du,* o TVÁṢṬAR, ließt die dem ÍNDRA wahrlich verbündete Stärke wachsen, bildetest (ihm) die Keule, mit der er den Schlangerich zerspaltete.
4. (Ví pṛṣṭhâ-iva áśvānām jánimāni áryas Índras paspaśé ná ékam yújyam sákhāyam īśé nítyam.) Gründlich besah sich wie Rücken von Rossen die priesterlichen Gefolgsleute des reichen Protzen ÍNDRA (und) nicht einen begehrte er (als) Bündner, Freund, Vertrauten.
5. (Úd-mā mamánda vṛṣabhás marúdbhis sácamānas váyasā bhrâjadṛṣṭibhis.) Aufjauchzen macht mich der Stier, der von den MARÚT geleitete, wegen (seiner) Kraft, von den mit prangenden Speeren begabten.

Parvan 99

Nun wollen wir wie unsere Väter die feuerfarbenen Strahlen der MORGENRÖTE aufdecken

1. Nun wollen wie unsere Väter, die früheren, o AGNÍ, die feuerfarbenen Strahlen der MORGENRÖTE aufdecken (aufschließen) wir durch Namen höchste. Sie sollen in gleicher Weise wie immer (als) ganz neue (neuere) nun vor uns, an Reichtümern reiche, erstrahlen, fernzuhalten die Diebe!

2. Die Schwester hat der Schwester, der älteren, den Schoß überlassen. Die MORGENRÖTE wahrlich sehen wir in ihrer Fülle (als reichlichste).
[die Schwester hat der Schwester: Die NACHT hat der MORGENRÖTE; der älteren: die MORGENRÖTE älter, da in der Vorzeit – vor der MORGENRÖTE Flucht in die südlichen Gefilde (10,61,8) – die NACHT den Lebewesen noch unbekannt war]
3. Ins geordnete Weltall, an seinen höchsten Punkt (ins höchste) sind die Kühe nun wahrlich gelangt, beachtend des VÁRUṆA unverbrüchliche Satzungen.
[Kühe: Strahlen der MORGENRÖTE]
4. Nicht schwinden machend die göttlichen Gebote, dahinschwinden machend die Menschengeschlechter ist – von denen, die (bereits) gewandelt sind, die letzte, von denen, die in ununterbrochener Folge sich aneinanderreihend (noch) heranwandeln, die erste – die Morgenröte weithin erstrahlt (als) eine, deren Kraft gediehen.
5. (Dahin)gegangen durch von Göttern gereichten Ratschluss sind die, welche die frühere Morgenröte sahen erstrahlen (als erstrahlende), die Sterblichen.
6. Dass, o MORGENRÖTE, du erstrahlt bist (als) erste (und) dass dir (deiner: poss.Gen.) Schwesternschaft (mit den künftigen MORGENRÖTEN), spätere, als früherer (MORGENRÖTE): (Das ist deine,) einer Großen, große von ÁSURA empfangene Vollmacht, die einzigartige.

Und das Nichtseiende und das Seiende im höchsten Himmelsgewebe bist du, o AGNÍ!

1. Dem WASSERSOHN (als) von vielen dem untersten Seherfreund möchten mit Opfergaben Seherdienst wir tun, mit Verbeugung, mit Opfergüssen, überaus süßen, dem aus der Tiefe geborenen.
[(als) von vielen dem untersten: als in den Tiefen des Ozeans befindlichen]
2. Des Sehers, des am meisten freudespendenden, des Leben wirkende Reichung reichenden, rings sichtbare Erscheinung (ist) die herrlichste, feuerfarbenprächtigste bei den Sterblichen.
3. O Gott, o Rufer der Götter und Opfergusspriester, o viel Gerufener, (als) ergötzlichster, (als) aufmerksam schauender sollst du die großen Götter (und) Himmel-und-Erde hierher fahren!
4. Und das Nichtseiende und das Seiende im höchsten Himmelsgewebe (warst) *du*, woraus (als) Flamme (herab)geschleudert den Zwischenraum du erhitzt, o zu Leben Hervorgebrachter, die höchste Kraft (bist) *du*.
[das Nichtseiende und das Seiende: die Nacht und der Tag]
5. Welche deine Erscheinungsformen, die höchsten, welche die untersten, welche die mittleren, o ALLSCHAFFENDER, mit denen verhilf uns zu Lebenskraft, Seherfreunden, Vertrauten, die wir Opfer dargebracht haben, beim Opferguss, o von der dir eigentümlichen Kraft Erfüllter!
[Erscheinungsformen, die höchsten, ... die untersten, ... die mittleren: Sonne/Gestirne – irdische Feuer – Blitze]
6. Hinweg (jedoch) soll die AGNÍ verzehren mit heißester Flamme, (er,) der Leben wirkende Gaben bereithält, (sie,) die dahinschwinden machen des VÁRUṆA Gesetze, die freudespendenden, des MITRÁ, des aufmerksam schauenden, die (unverrückbar) feststehenden!
7. Dieses Gedicht gab *mir* der Gott, dem Sterblichen, der von ihm eigentümlicher Kraft erfüllte, dem einfältigen der gewitzte, unsterbliche Sohn des alle Menschen umfangenden Himmels, der mannhafteste, dahineilende AGNÍ.

Sichtbar ist geworden der Weg des SONNENGOTTES

1. Sofern wir ohne Unrecht (in den Grenzen [unserer] Unrechtlosigkeit), o goldhaariger SONNENGOTT, Tag für Tag uns mit lichterem (und) lichterem (Strahle) geh auf, du sollst steigen über die unteren Gefilde (Fährten) hinweg, sollst besteigen den Himmel, die höheren Sitze!

2. Sichtbar ist geworden der Weg des SONNENGOTTES, des das Hassgespenst fernhaltenden, für das weithin scheinende (weite Sonnen)licht, der sehr weite (Weg).
[Der Anbruch der Morgendämmerung, die das Himmelsrund in ein erstes spärliches Licht getaucht hat, hilft der Sonne sich zu orientieren und ihre Umlaufbahn, den ‚Weg des SONNENGOTTES' zu finden.]
3. Des Lebenbegehrenden wahrlich Stützpfeiler steht in des Obersten Nest, an der Pfade Ende auf stabilen (festen) Grundfesten.
[Des Lebenbegehrenden: des AGNÍ; Stützpfeiler: Sonne; in des Obersten Nest: in des ÁSURA Himmel]
4. Er dort (ist) der Götter, der wirkmächtigen, wirkmächtigster, der auseinanderrichtet Himmel-und-Erde, der Gaben reicht, herrlichste, den Menschenkindern.
[er dort: der SONNENGOTT; Gaben ... herrlichste: die Sonnenstrahlen]
5. Aus dem Dunkel das Licht heraussehend, das höhere, sind zum SONNENGOTT (selbst) *wir* gelangt, zum höchsten Licht.
[das Licht ..., das höhere: das natürliche Sonnenlicht; höchstes Licht: das das natürliche Sonnenlicht weit übersteigende übernatürliche, nicht mit natürlichen Augen wahrnehmbare Licht, das vom unsichtbaren SONNENGOTT, dem Herrscher über die Sonne, ausgeht]

Die ihr ohne Ältesten, ohne Mittleren, o ihr MARÚT!

1. Was werden dem RUDRÁ, dem aufmerksamen, der am reichlichsten Gaben zuströmen lässt, dem überaus gnädig seienden, dem sehr mächtigen, worten wir (als) Wohltuendstes (seinem) Herzen?
2. Der Herrlichste des Geborenen, o RUDRÁ, durch Herrlichkeit bist du, der Mächtigste der Mächtigen, o Männerbeherrscher! Nicht wahrlich Mächtigeres, o Nichtalternder, als du ist!
3. Herbei zu uns mit (ihren) Erquickungen sollen die MARÚT auch fahren, mit gewaltigsten die überaus mächtigen, Spender Leben wirkender wirkmächtiger Gedanken, die auf ihren Fahrten hörbaren!
4. *Ihr*, die ihr ohne Ältesten, ohne Mittleren: An Macht seid zu voller Größe ihr gewachsen, o Allerherrlichste!
5. Welche eure Heilmittel, o ihr MARÚT, die lichten, wohltuendsten, o Stiere, (Heilmittel,) die eine Wonne sind, die MÁNUS sich erwählte, unser Vater, die und Wohlfahrt und Segensfülle des RUDRÁ, des heilendsten der Heiler, begehre ich.
6. Der wie die flammende Sonne, wie Gold leuchtet, der herrlichste der Götter, der lichte verschaffe Wohlfahrt unserem Hengst, dem Vieh, dem brüllenden, den Männern!
7. Dies Leben wirkende Wort sei den mit prangenden Speeren begabten gewortet, (als) ein als Süßes süßeres, stärkende Nahrung dem RUDRÁ!

VṚTRÁ zu Füßen seiner Frauen, der Wasser

1. ÍNDRA will ich lobsingen, den mannhaftesten, der durch seine Macht auseinandergestemmt, auseinandergetrieben die Sphären des Lichts, der den Zwischenraum durchmisst, den sehr weiten, den Himmel stützt.
2. Das wahrlich ist die prachtvollste Tat des Wirkers Leben wirkender Wunderwerke, dass die unter ihm sich befindlichen (unteren) schwellen er ließ, die süßflutenden (süße Flut habenden) Flüsse.
[Nachdem ÍNDRA dem VṚTRÁ die Wasser/Flüsse als dessen Frauen weggenommen hat, heiratet er sie selbst und lässt sie ‚schwellen', schwängert sie – worauf insbesondere ‚úparās' (‚unter ihm sich befindliche') hinweist; s. auch den folgenden Satz]
3. Die Wasser, die wahrlich VṚTRÁ in (ganzer) Größe rings hatte bestiegen, rings jauchzen gemacht, zu deren Füßen befindet sich der Stier der Wasser (nun): Die Obere (ist) die Mutter, der Untere der Sohn, der Schlangerich selbst.

[die von ÍNDRA getöte HIMMELSFEUCHTE auf den bereits getöteten VṚTRÁ gestürzt]
4. Der zu Leben tätigste ÍNDRA und des zu Leben Tätigsten Bündner sind zu des Süßtranks Reichung gelangt.
[Bündner: der Opfernde; zu des Süßtranks Reichung gelangt: dazu gelangt, dass ihnen Soma gereicht wird]

MITRÁ und VÁRUṆA, die sogar als ein scharfes Auge besser den Weg für die Sonne finden

1. Vor das reine dem VÁRUṆA, dessen Gebote (unverrückbar) feststehen, das ihm am meisten Freude spendende Gedicht, das süßeste, das beste erstrahlende Wort, VÁSIṢṬHA, gewaltigste Verbeugung dem reichlich Gaben zuströmen lassenden, bring!
2. O ihr beiden der kosmischen Ordnung Kuhhüter: Auf den Wagen steigt ihr jetzt, o ihr beide, deren unverbrüchliche Satzung wirkmächtig ist im höchsten Himmelsgewebe!
[Wagen: Sonne]
3. Drei Himmelinnen (sind) hineingesetzt in eurer beider Obhut, die drei Schichten der Erde sind gebildet worden darunter (als untere).
[drei Himmelinnen: nach 5,69,1 wären die jenseits des Lichtraums befindlichen drei Himmelssphären gemeint; näherliegend hier die drei Großräume jenseits der Erde: der Luftraum (bestehend aus den drei Luftsphären), der Lichtraum (bestehend aus den drei Lichtsphären) und der Himmelsraum im engeren Sinn (bestehend aus den drei Himmelssphären); drei Schichten der Erde: hohe Berge, fruchtbares Land, unwirtliche Küstenzone]
4. (Sie beide,) die sogar als ein (scharfes) Auge besser den Weg (für die Sonne) finden, halten, selbst wenn sie die Augen schließen, Schauung mit innerem Auge; alles beschauen die beiden Könige, selbst die fernsten (Dinge).
5. Die beiden mit größter Seherkraft ausgestatteten Götter besitzen von ÁSURA empfangene Vollmacht, unversiegbare, gewaltigste.
6. Fort ja fliegen meine ingrimmlösenden Lobesworte, die Lichteres begehren, wie Vögel ihren Nestern zu: Nicht unter dem Zorn wollen wir sein des VÁRUṆA, des VĀYÛ, nicht des MITRÁ, des größten Freudespenders der Menschen.
7. Los das oberste Band, o VÁRUṆA, von uns, los das unterste, los das mittlere binde!
8. Dieses euch beiden, o MITRÁ (und) o VÁRUṆA, (dies) Lied gedrechselt zu Leben: Als Lebenssaft habe ich (es) gebildet, o ihr beiden lebendigen Götter, als etwas ganz Neues.

Dessen sogar, der am weitesten zurück ist, seid ihr Erquicker, o ihr beiden AŚVÍN!

1. (Divás â-jātā divyâ suparṇâ: Káyā śácīnām bhávathas śáciṣṭhā? Kataména śávasām sthás śámbhaviṣṭhau?) Aus dem HIMMEL herabgeborene beide, himmlische, mit Leben wirkenden Flügeln begabte: Durch welche der Kräfte seid ihr die Kräftigsten beide? Durch welche der Stärken seid ihr der größte Segen beide?
2. (Yám-vām párijmānam suvṙtam, Áśvinău!, rátham uṣádbhis â ūhúr havíṣmantas, śaśvattamâsas tám-u-vām idám vayám pitúr ná nâma suhávam hávāmahe.) Euer beider umherfahrenden, zu Leben rollenden Wagen, o ihr beiden AŚVÍN, den zusammen mit den Strahlen der MORGENRÖTE herbeifahren die opfergussreichen (Opferer), als die letzten einer ununterbrochenen Folge rufen den nun, euer beider, *wir* uns jetzt – wie des Vaters Namen, den leichterrufbaren.
3. (Áraghos-cid bhávathas yuvám avitârau apamásya-cid, dhârayanmandrā!) Des Nichtschnellen sogar seid *ihr beide* Erquicker, dessen sogar, der am weitesten zurück ist, o ihr, die ihr Ergötzliche fest umfasst Haltende!

Ich frage dich nach der Welt Nabel

1. Pṛchâmi-tvā páram ántam pṛthivyâs pṛchâmi, yátra bhúvanasya nâbhis.
2. Iyám védis páras ántas pṛthivyâs, ayám yajñás bhúvanasya nâbhis.
3. Pṛchâmi-tvā vŕṣṇas áśvasya rétas pṛchâmi vācás paramám víoma.
4. Ayám sómas vŕṣṇas áśvasya rétas, brahmâ ayám vācás paramám víoma.

Parvan 100

Zehnmal hundert Milchkühe sind gemeinsam hervorgetreten

1. Offenbar sind geworden die zwei AŚVÍN, die beide gaben das weiße Ross dem PEDÚ, das mit neun Kampfpreisen und neunzig siegreiche, das überaus ergötzliche.
2. Zehnmal hundert (zehn Hundertschaften) Milchkühe sind gemeinsam hervorgetreten: Dies eine der Götter herrlichstes (ihrer) Lichtwunder habe ich gesehen.
[Milchkühe: Strahlen der MORGENRÖTE]
3. Deren Vater, BŔHAS PÁTI, gefunden hatte die Dichtung, die siebenhäuptige, die Priester der Urzeit, die kühebegehrenden, fanden die Namen der Milchkuh, die dreimal sieben (ihrer) Mutter, die höchsten: Durch sie haben sie sich gebildet die junge Frau.
4. Mögen nun aus Mutter MORGENRÖTE, der nichtalternden, (als) die sieben Seher wir geboren werden, (als) die ersten Seher unter die Männer!

Die sieben Seher über die ins Verborgene gesetzte Fährte des Vogels wachend

1. Erschienen ist SAVITÁR, (erschienen) den Menschenkindern gereichte Erquickung im Himmelsgewebe, dem von allen Seiten mit Kettfäden aufgespannten (gedehnten), durch eine (und) hundert gottesdienliche Taten (seitens der Seher) hinaufgespannten.
[den Menschenkindern gereichte Erquickung: die Sonnenstrahlen]
2. Ein spannte sich die sieben reinen Stuten der Flammenhaarige; mit ihnen fährt er zu den drei Lichtsphären, den überaus weit(räumig)en.
3. Die dem ÍNDRA als Gewaltigstem untertan, die Götter, die in den drei Lichtsphären sind des Himmels, die Wohnstätten der Menschenkinder, die an wasserumspülten Behausungen reichen, holst du hervor, o Tausendfüßiger!
[Tausendfüßiger: Tausendstrahliger]
4. Gemeinsam mit den Somaschenkpriestern, den fünfen, wachen die sieben Seher über die freudespendende, (ins Verborgene) hineingesetzte Fährte des Vogels, beachtend des VÁRUṆA unverbrüchliche Satzungen.
5. Drei Himmelinnen (sind) des SAVITÁR, zwei Schöße, die eine (Himmelin ist) in des YAMÁ Welt.

Der Kuhhirt durchmisst die weite Götterumlaufbahn mit nur drei Schritten

1. Drei Schritte schreitet VÍṢṆU aus (auseinander); der Kuhhirt durchmisst diese überaus weite (Götter)umlaufbahn allein mit nur drei Schritten.
2. In des VÍṢṆU drei weiten Schritten wohnen die Wesenheiten alle.
3. Des auf Bergen stehenden drei sich mit Süßem, süßestem, füllende Fußabdrücke quellen über wegen der ihnen eigentümlichen Fülle (Kraft).

Du hast gemeinsam mit den sieben Sehern zerspalten den Finsternisfels, o ÍNDRA!

1. *Du* hast gemeinsam mit den sieben Sehern zerspalten den Finsternisfels, o überaus Kräftiger, den VALÁ durch Brüllen; du ersiegtest die Kühe, Hundertschaften, eine Tausendschaft, du ersiegtest, o tapferer Kämpfer, des SÓMA Ströme.
[Kühe: Strahlen der MORGENRÖTE]

2. Empfangend tausend Erquickungen war in (seinen) Kraftquellen gediehen der Kräftigste, als den VṚTRÁ er tötete, den Flusseinschließer.
3. Fernhin hast du der sieben Ströme Bahnen erfurcht, (als) siebenzügliger Stier ließest du dahinsausen, o ÍNDRA, die sieben kuherquickende Weide gedeihen lassenden (Ströme): Dem (HIMMELS)OZEAN als Gewaltigstem untertan kommen aus dem Urquell sich läuternd die Wasser. [Urquell: Himmelsozean]
4. Das wahrlich ist die prachtvollste Tat des Wirkers Leben wirkender Wunderwerke, dass, nachdem er gebunden (gebändigt) die Fluten die vier, die unter ihm sich befindlichen, er quellen ließ die süßflutenden Flüsse, die vier.
[die unter ihm sich befindlichen: mit der Folge, dass sie zu unter ihm sich befindlichen wurden (hysteron proteron)]
5. Erfüllt hat er Himmel-und-Erde mit Licht und er(füllt) den mittleren Raum, die sieben (und) sieben Seher, die fünf Götter; in das uralte, (eben) zur Geburt gebrachte Licht, das sein, in das freudespendende, sind die freudespendenden Völker gemeinsam eingegangen, die fünf.

MITRÁ und VÁRUṆA alle Göttersitze zur Erscheinung bringend

1. Gemeinsam mit dem SONNENGOTT nun erscheinend bringt ihr beide, wirkmächtigste, die drei, die vielen, alle (Götter)sitze, o ihr beiden Könige, in der gewahrbaren Welt rings zur Erscheinung.
[(Götter)sitze: die (Götter)sitze identisch mit den neun Schichten des sichtbaren und den drei Schichten des unsichtbaren Universums: s. nächsten Satz]
2. Die drei Schichten der Erde (Erden) halten fest umfasst die Könige, die zwei, die drei düsteren Lufträume, die in der Mitte befindlichen (mittleren), die drei Lichtsphären und die drei Schichten des Himmels (Himmel), die darüber (höheren), die drei Gebote (sind fest) in (inmitten) der Sehergewalt der zwei.
3. Es weiß die Monate VÁRUṆA, (er,) dessen Gebote (unverrückbar) feststehen, die zwölf nachwuchshabenden, die früheren, weiß den späteren, der hinzugeboren (herangeboren) wird, der Tausendäugige.
[die zwölf nachwuchshabenden: Schaltmonat als Nachwuchs]
4. Hundert (sind) dir, o König, Heiler, (ja) tausend: Durch deine wohltuendsten Heilmittel, o bester Heiler, möge ich hundert Herbste erlangen mir!
5. Ich rufe mir die drei Söhne der ÁDITI: Mächtig soll der drei Götter, der überaus gnädig seienden, Erquickung sein, des MITRÁ, des ARYAMÁN, des VÁRUṆA!

Dreiantlitzig ist ÁSURA

1. Tryanīkás Ásuras tavástamas tryanīkás pátis triśīrṣâ ukṣâ.
2. Viśvárūpas vṛṣabhás jyeṣṭhás tryudhâ prajâvān.
3. Ṣáṣ dhâma ékas ácaran bíbharti: Tisrás dyâvas-te ní-hitās antár tvé, ójīyas!, tisrás bhûmīs tatákṣitha tvám ádharās.

Den im Holz Siegreichen will ich erhöhen

1. (Sâma máhi sahásraretās vṛṣabhás citrátamas vividvân máhyam prá íd-u vócat!) Der das Göttergewinnungslied, das mächtige, gefunden, der tausendsamige Stier, der feuerfarbenprächtigste, soll es *mir* wahrlich nun verkünden!
[Stier: AGNÍ]
2. (Vaneṣâham gṛṇí pra-rórucānam saptáhotāram, yád mātúr upásthe áśocat ûdhani védī: Kavítamas priyátamas-cid asmábhyam saptá hótṛbhyas saptájāmibhyas babhûva.) Den im Holz siegreichen will ich erhöhen, den fernhin leuchtenden und leuchtenden Herrn der sieben Rufer der Götter und Opfergusspriester, sobald in (seiner) Mutter Schoß er licht geworden, an (ihrem) Euter, auf der Seheropferstätte: Der mit größter Seherkraft ausgestattete ist am meisten Freude

spendender wahrlich *uns* den sieben priesterlichen Rufern der Götter und Opfergusspriestern, die sieben Schwestern haben.
[in seiner Mutter Schoß: in der MORGENRÖTE Schoß; sieben Schwestern: der sieben Priester Stimmen]
3. (Dvivartaním gr̥ṇīṣé, vikṣú yás áva syáti mandrás vibhâvā.) Den zwei Bahnen durchwandelnden erhöhe ich, der in den Häusern ausspannt (als) Ergötzlicher, weithin Aufscheinender.
[den zwei Bahnen durchwandelnden: den die vormittägliche und die nachmittägliche Bahn als Sonne durchwandelnden AGNÍ]
4. (Trimūrdhânam saptáraśmim gr̥ṇí pitrós-asya upásthe sîdantam cáratas dhruvásya upásthe sîdantam trîṇi divás rocanâ paprivâṃsam upamâni.) Den dreihäuptigen, siebenzügeligen will ich erhöhen, den in seines Vaters (und seiner Mutter) Schoß sitzenden, in dessen, was wandelt, was feststeht Schoß sitzenden, (und doch bereits) die drei Lichträume des Himmels erfüllenden, die obersten.
[in seines Vaters (und seiner Mutter) Schoß: an der Seheropferstätte]
5. (Śatádhāram útsam pitáram eṣâm mántrāṇām, sámīcī!, pipr̥tám rocané gātuvíttaram satyavâcam!) Den hundertstromigen Urquell, den Vater dieser Dichterworte, o ihr beiden einander Zugewandten, fahrt in den Lichtraum, den den Weg bestens findenden, den Lebendigsichtbares wirkenden Wortes mächtigen!
[o ihr beiden einander Zugewandten: o HIMMEL-UND-ERDE]
6. (Diví ádha dvimātâ, dvé óṣadhī ádugdhām, cárati trimātâ triṣú vidátheṣu vásyaḥsu vatsás ékas: Mitrásya tâ Váruṇasya vratâni.) Im Himmel wandelt nun das Zweimütterkind – zwei Pflanzen haben (es) gemilcht, das Dreimütterkind in den drei Seherräumen, den überaus lichten, das Kalb, allein: Des MITRÁ (sind) das, des VÁRUṆA Ratschlüsse.
[zwei Pflanzen: die beiden Reibhölzer; gemilcht: genährt/entfacht; drei Seherräumen: Erde/Zwischenraum/Himmel]
7. (Dvijâs áha prathamajâs r̥tásya: Idám víśvam dhenús ná áduhat Agnís jâyamānā śámbhaviṣṭhā.) Der Zweimalgeborene wahrlich, der Erstgeborene der Schöpfung: Dies All hat als Milchkuh gemilcht AGNÍ, (als als) größter Segen (eben) geborene (Milchkuh).
[gemilcht: erhellt]

Parvan 101

AGNÍ aus der Tiefe des Ozeans gezogen

1. Die Leben wirkende Worte erweckenden, mit tausend Fackeln begabten Strahlen der MORGENRÖTE sind reichlich erstrahlt und haben nun wahrlich *dich*, o AGNÍ, aus der Tiefe des Ozeans gezogen.
2. Alle Götter, einen und denselben Geist zu empfangen, ein und dieselbe innere Schau zu empfangen, gehen zu dem Dreihäuptigen (als) der einen geistigen Kraft von verschiedenen Seiten geradewegs.
3. O tausendsamiger Stier, achthundert (acht Hundertschaften) Kühe führe *mir*, dem ununterbrochenstwiederkehrsam dich (zu) sich rufenden geradewegs zu, o hundertstromiger Urquell!

Aufs Neue ist gesetzt die uralte Welt

1. Aufs Neue (ist) diese uralte Welt gesetzt, o Götter, nach uralter Weise! Im Einklang mit der kosmischen Ordnung strömen die Ströme, lebendigsichtbar dehnt sich das Sonnenlicht, (seinen) Wagen hat der SONNENGOTT aus dem Ozean gefahren.

2. Aufs Neue hat empor der SONNENGOTT gewaltig die Strahlen gerichtet, die überaus ergötzlichen reichlich, empor alle Geschlechter der Menschenkinder: Stetig wiederkehrend begeben sich in des SAVITÁR, des göttlichen, weiße Prachtgewandung alle Wesenheiten – endlos.
3. Den dreimal elf Göttern wahrlich, den durch Opfergaben zu erquickenden, verschaffst als erstes Unsterblichkeit du (als ihren) Anteil, höchsten.
4. *Uns* soll nun verlängert werden wahrlich, o SONNENGOTT, (noch) weiter unsere Lebenszeit! Gesegnet lebend möchten wir uns das Greisenalter erlangen!

Wohin ist unsere Seherfreundschaft geraten, o VÁRUṆA?

1. Herbei euch beide sollen des SONNENGOTTS Rosse, die zu Leben eingespannten, fahren, kommt herbei ihr beide, zugewandt (uns)!
2. Die beiden ja haben Herrschaft, mit vereinten Kräften die von ÁSURA zu empfangende Vollmacht (die von ÁSURA empfangene Vollmacht) sich erlangt, des dreiantlitzigen Macht, die höchste; jetzt (sind ihre) Willensbekundungen gleichsam (gesetzt) wie das menschliche Sonnenlicht gesetzt worden, das sichtbare.
[Willensbekundungen: etwa, dass die Menschen sich gleich der Sonne von ihrem Lager erheben; (gesetzt): und damit deutlich; das menschliche Sonnenlicht: das vom Menschen wahrnehmbare Sonnenlicht]
3. Wohin sind jene unser beider, o VÁRUṆA, Seherfreundschaften geraten, da wir ja beide als Vertraute einander umhegten frei von Wölfen früher wahrlich, lebend als Nichtfurchtsame?
[Wölfe: Dämonen]
4. Tag für Tag (stetig wiederkehrend) ja haben, o ihr Spender Leben wirkenden Himmelstaus, o Söhne der ÁDITI, an euren Erquickungen *wir* früher uns gelabt. Wir wollen uns laben auch heute an euer beider Freigebigkeit, o MÍTRA (und o VÁRUṆA), (und zwar) nicht dürftig!
5. Gutgangbar (ist des Lebens) Pfad, dornenlos, o Söhne der ÁDITI, für den, der im Einklang mit der kosmischen Ordnung wandelt.

Die rötlichen Kühe sollen nach uralter Weise erstrahlen!

1. (Tâs pratnavát návyasīs nūnám asmé revát ucchántu usríyās!) Die rötlichen Kühe sollen nach uralter Weise (als) ganz neue nun vor uns reichlich erstrahlen!
2. (Ví-u práthate ághnyānām mātâ rúśadvatsā várīyas vásyas â ubháu pṛṇatî pitrós upásthau.) Rings nun breitet sich aus der Kühe Mutter, (ihr) hellleuchtendes Kalb zu empfangen – (immer) weiter, lichter, erfüllend die beiden Schöße von Vater (Himmel und Mutter Erde).
[Kalb: AGNÍ]
3. (Dabhrám páśyatas pratarám vi-cákṣe Uṣâs ájīgar pratnâ yûnas úttarā úparān.) Die dürftig Sehenden, auf dass weiter rings sie blicken, hat die MORGENRÖTE geweckt, die uralte die jungen, die obere die unteren.
4. (Ṛtásya pánthām ánu éti sādhú pra-jānatî-iva; îṣante stenâs citrátamāyās.) Der Ordnung Pfad entlang geht sie geradewegs, als eine, die (ihn) im Voraus kennt; davon laufen die Diebe vor der feuerfarbenprächtigsten.
5. (Uṣási makṣû gáchathas, Áśvinau!, yáthā-nas Índras ná śaknávathas; divás â-jātā dvâ divyâ suparṇâ: Káyā śácīnām bhávathas śáciṣṭhā?) Zur Zeit der Morgenröte, (also) bald kommt (auch) ihr beide, o ihr beiden AŚVÍN, auf dass ihr uns wie ÍNDRA Lebenskraft schenkt; aus dem Himmel herabgeborene, zwei himmlische, mit Leben wirkenden Flügeln begabte: Durch welche der Kräfte seid ihr die Kräftigsten beide?
6. (Urú-vām ráthas dvivartanís pári nákṣāti Sûryasya dyâm â, yád samudrâd nú abhí vártate-vām.) Weit um euch beide herum wird gelangen der Wagen, der zwei Bahnen durchwandelnde, des SONNENGOTTS – zum Himmel hin, indem vom Ozean aus nun auf euch beide er zurollt.
[zwei Bahnen: vormittägliche und nachmittägliche Bahn der Sonne]

Rings herrscht als Könige ihr sieben

1. Sûryeṇa anavadyâs árcanti arvâk gaṇâs Marútām sáhasvat.
2. Sākám jātâs ajyeṣṭhâs subhúas śriyé-cid â pratarám vāvṛdhúr náras Sûryasya-iva raśmáyas.
3. Bṛhát, máhāntas!, urviyâ ví râjatha saptá, yéṣām saptá ṛṣṭáyas.

Parvan 102

Heute früh ist der Mond gestorben

1. Das Sonnenlicht, das im Ozeanstein, mögest *du*, o Somapflanze, zu mir führen, dem dürftig Sehenden! Das Lichtwunder, o HIMMEL-und-ERDE, das prächtigste, möget führen ihr beide zu den verschiedenenorts Opfer Darbringenden! Möget ihr führen geradewegs den zu Leben Geflügelten, o Strahlen der MORGENRÖTE, zu den fünf Völkern!
2. Des SONNENGOTTES, dessen Strahl der Berge Häupter erreicht hat, Sehermacht sieh in (ihrer) Herrlichkeit aufs Neue: Heute früh ist der schimmernde Mond gestorben, gestern Abend hat er (noch) rings geatmet.
3. Dieses wohlgefügte Gedicht soll mich umhüten von allen Seiten – und solange Himmel (und Erde) sich dehnen werden und (solange) sich dehnen werden die Tage, o SONNENGOTT, deren Süßes genießen wollen *wir.*

Den Zauberer erschlage, der sagt „Rein bin ich!", o ÍNDRA!

1. Möge in der Frühe, bald, (als) einer, der durch Dichtung Lichtes erlangt, zu *dir* ich gelangen, o siebenzügliger Stier!
[Lichtes: die Strahlen der MORGENRÖTE, die Sonne]
2. Oh dass uns der überaus Mächtige beachtet, oh dass, o ihr gemeinsam (die Opfergaben) genießenden Götter alle, ihr beachtet *uns*!
3. Wie den Hengst zum stärkenden Futter (zur stärkenden Nahrung) möge ich des Siegreichen Wagen herbeirollen machen (herbeidrehen); die mit Opfergaben zu erquickenden (Götter,) die uralten, mögen durch die zu Leben gedrechselten Verse mein kommen zu den reichlichen Nahrungsmitteln alle!
4. Ich will genießen (als) Reiner Tag für Tag (stetig wiederkehrend) deine Erquickungen, o Mannhaftester, der den ṚJÍŚVAN in den Schlachten zur Erschlagung des Erschöpfergeistes mit Erquickungen du erquicktest reichlich, der zu des DÍVODĀSA Freude du spaltetest die Burgen, die neunzig.
[Burgen: Regenwolken]
5. Wer (aber als) Zauberer „Rein bin ich!" sagt, (den) erschlage, o ÍNDRA, den mit mächtiger tötender Waffe! Mögest du schleudern (deine) Blitze gegen das Haupt des Gottlosen oder (ihn) preisgeben dem Schlangerich!
6. Verkündet hat deine gnädige Hand, o Seher, (ihrer) begehrend, einer, der (heran)erfahren (sie) hat, (verkündet hat er dir,) einem Wissenden, (dein) Leben wirkendes Geistesgewirken.
[o Seher: o ÍNDRA]

Ihr sollt uns aus dem Rachen der Wölfe befreien, o Söhne der ÁDITI!

1. (Jyótiṣmat kṣatrám samyák āśátur nūnám ādityáu asuríam-cid dânunas pátī samānám āśâte.)
Lichtreiche Herrschaft haben mit vereinten Kräften erlangt nun die beiden Söhne der ÁDITI, die von ÁSURA zu empfangende Vollmacht wahrlich haben des Himmelstaus Herren beide (als) gemeinsame (Vollmacht) erlangt sich.
[MITRÁ und VÁRUṆA auf der Sonne als Thron sitzend]

2. (Ŕtāvr̥dhā!, krátum br̥hántam āśâthe r̥téna revát, kávitamau!) O ihr beide, die ihr das geordnete Weltall gedeihen lasst: Geistige Kraft, gewaltige, habt euch beide erlangt ihr innerhalb des geordneten Weltalls reichlich, o ihr beiden mit größter Seherkraft ausgestatteten (Seher)!
3. (Na-hí-te kṣatrám, Váruṇa!, ná sáhas ná manyúm, yám āpiṣé, váyas-ca ná amî jîvantas ágreṣu vánasya pátīnām patáyantas parás pūrbhís āpúr.) Nicht ja deine Herrschaft, o VÁRUṆA, nicht (deine) Macht, nicht (deine) Tatkraft, die du dir erlangt hast, haben, nicht einmal, die Vögel dort, die (doch) leben in den Wipfeln der Waldesherren (der großen Bäume), die (doch) fliegen jenseits der Wolkenburgen, erlangt.
4. (Yád-mā cíkitas idám-ca bhrâtaram-cid cakr̥vâṃsam âgas arvâk śaśvattamám!, mîḻhuṣṭama!, pâkam hí yás ūhiṣé.) Oh dass du mich beachtest auch jetzt, (mich,) der ich einem Bruder gar getan Unrecht, zugewandt (mir, beachtest) den ununterbrochenstwiederkehrsamen, o am reichlichsten Gaben zuströmen Lassender!, der den Einfältigen ja zu beachten du pflegst.
5. (Yád-te, déva Váruṇa!, vratám minīmási dyávi-dyavi, mâ-nas vadhâya párā dádās!) Wenn deinen Willen, o Gott VÁRUṆA, wir antasten Tag für Tag, sollst du uns (doch deiner) tötenden Waffe nicht preisgeben!
6. (Yád riripmá, yád-ca satyám yád-ca ná vidmá, sárvā énāṇsi muñcâsi sárvān múmocas pâśān śithirân-iva!, déva!) Wenn angeschmiert wir haben: Und was offenbar (uns) und was wir nicht wissen, alle Sünden sollst du lösen, alle Bande sollst du lösen als locker sitzende, o Gott!
7. (Áva-mā Mitrás sasr̥jyât! Vidvân ví múmocat pâśam uttamám ví adhamám ví madhyamám ví!) Losmachen möge mich MITRÁ! Sobald er (mich) gewahrt hat, soll los er lösen das Band, das oberste los, das unterste los, das mittlere los!
8. (Té-nas āsás vŕkāṇām, âdityāsas!, mumócata stenám baddhám-iva!, Ádite!) Ihr sollt uns aus dem Rachen (Mund) der Wölfe, o Söhne der ÁDITI, befreien, den wie ein Dieb gebundenen, o Áditi!
9. (Mâm hí Vásiṣṭham-ha, Váruṇa!, nāví ádhās stotâram-mā cakártha, yátra dyâvas tatánan yátra uṣâsas: Sákhāyas āsivá áthā. Kúa tyâni-nau, Váruṇa!, sakhyâni babhūvúr pûrvatarā?) *Mich* ja, den VÁSIṢṬHA wahrlich, o VÁRUṆA, setztest du in den Nachen, zum Lobsänger hattest du mich gemacht (für) solange Tage sich dehnen würden, (für) solange die Morgenröten: Seherfreunde waren wir beide damals. Wohin sind jene unser beider, o VÁRUṆA, Seherfreundschaften geraten, die früheren?
[Nachen: Sonne]
10. (Yás-me, víśvasya îśāna!, yújyas-vā sákhā-vā svápne bhiyásam bhīráve máhyam âha stenás-vā yás dípsati-nas vŕkas-vā: Tvám tásmād, Váruṇa!, pāhí asmân!) Wer mir, o über das All Herrschender, sei es (als) Bündner, sei es (als) Seherfreund, im Schlaf Furcht, mir, dem Furchtsamen, erspricht, wer, sei es (als) Dieb, uns zu betören sucht, sei es (als) Wolf: *Du* hüte vor einem solchen, o VÁRUṆA, *uns*!
11. (Tád sú-nas śárma yáchata várīyas!, âdityās!, yád múmocati énasvantam-cid énasas, súdānavas!) Den wohlbekannten Schutzschild streckt aus uns zu Leben, den überaus weiten, o Söhne der ÁDITI, der zu lösen vermag den Sündenbeladenen gar von der Sünde, o ihr Spender des Leben wirkenden Himmelstaus!
12. (Vásiṣṭhasya kâvyāni imâni kr̥tâni jújoṣan-vas bráhma! Nr̥cákṣasas ánimiṣantas devâsas amŕtam ānaśá mandrátaram.) Des VÁSIṢṬHA Sehergedanken hier, die hervorgebrachten, sollen euch ein Genuss sein, dem Herzen entquellende Worte! Auf die Menschen ein Auge habend, nichtaugenschließend habt ihr, Götter, Unsterblichkeitsspeise erlangt, überaus ergötzliche.
[Unsterblichkeitsspeise: das Gedicht]

Das eine Seiende
1. Índram Mitrám Váruṇam Agním āhúr víprās ékam sát Yamám, átha-u divyás sás suparṇás Sûryas.
2. Sás íd âsitha svápās bhúvaneṣu, yás imé dyâvā pṛthivî dhenúm dhók dūṣáyas-ca, Víśvakarman!, sás ékam, íti âha sumánās.
3. Tátanā víśvam sahásaracakṣas, íti âha Víśvakarmā dhātâ vidhātâ ródasyos prathamás utá upamás saṃdṛ́k.
4. Mṛḷayáttamas edhí máhyam!, sáhasraretas!, yás-tvā âpa mánasā utá cákṣurbhyām.

Parvan 103

Die MORGENRÖTE die Menschen weckend zu unterschiedlichem Tun
1. Offenbar ist geworden die MORGENRÖTE durch (ihre) Fackel; die in kurzer Zeit zum Laufen (Gehen) ihr brachtet VIŚPÁLĀ, bald wahrlich kommt auch *ihr beide*, o ihr beiden AŚVÍN, wie die junge Frau versorgt zu werden mit Lebenskraft.
2. Herrschaft zu suchen hat den einen, Ruhm den anderen, an (seine) berufliche Tätigkeit zu gehen (wieder) einen anderen, nachzugehen der Kühe Fährten auf schlechtgangbaren Bahnen den Kuhhüter des HIMMELS Tochter geweckt; die dürftig Sehenden, auf dass weithin umher sie blicken, hat die MORGENRÖTE geweckt.
3. O MORGENRÖTE, indem das Feuer zu entzünden du hast veranlasst (indem das Feuer zum Entzündetwerden du hast gebracht), indem weithin du dich ausgedehnt hast durch das Auge des SONNENGOTTES, indem die Menschenkinder, die mit Opfergaben (die Götter) erquicken werden, geweckt du, dadurch hast vor den Göttern du verschafft dir ein lichtvolles Werk.

AGNÍ soll die Milchkuh melken reichlich
1. AGNÍ (soll) die Milchkuh melken reichlich, (er,) der ja reichlich, in des Ozeans Inneres gesetzt, gesaugt (seine) Mütter, die (ihn) leckenden Wasser! Zu Gedeihen (soll sie) melken der Tausendäugige, auf dass er als einer, dessen Kraft gediehen, nach und nach verbrenne das Opfertier, es den Göttern (hin)zugeben!
[Milchkuh: MORGENRÖTE]
2. Zu Gedeihen (sollst du sie) melken nach uralter Weise, auf dass du, das All, (es) milchend, ein zu Leben lieber, behütest vorm Sichheranerkühnen (von Dämonen).
[milchend: lichtend]
3. Ein beständiges Licht bist du, o Dreihäuptiger, in der Rufer der Götter und Opfergusspriester Inneres gesetzt zum (inwendigen) Sehen wahrlich.

Auf dass des Aars Lichtwunder ich sehe
1. In der Ferne war dein Wesen im Verborgenen, o tapferer Kämpfer, als (zu) sich dich riefen HIMMEL-und-ERDE gar zur Reichung (deiner) Kraft.
2. Du ersiegtest die Kühe, o siebenzügliger Stier, du ersiegtest den Soma.
3. Sobald den VṚTRÁ, o ÍNDRA, du getötet, den Schlangerich, da sogleich ließest herab du strömen zu Flusse die sieben Ströme, zum Strömen in den Grenzen der Erde, da sogleich ließt die Sonne am Himmel emporsteigen du durch des SÓMA Stärke zum Sehen für die Lebewesen alle.
4. Das Sonnenlicht, das im Ozeanstein glänzt (glänzend), möge die Somapflanze heute auch zu mir, auf dass des Aars Lichtwunder ich sehe (zum Des-Aars-Lichtwunder-Sehen), führen!

Die hervorprunken wie Frauen, des RUDRÁ Söhne

1. Sie wahrlich, die Mannen, haben zu Prunke die getupften weiblichen Zugtiere sich vorgespannt zugewandt (uns) kraft (ihres) Lebensgeistes.
2. Auf (ihre) Brüste haben Goldschmuckstücke sie sich aufgereiht zu Prunke, mit ihren Armen haben Speere sie sich erlangt.
3. Fest sollen sein eure Waffen zum (damit) Fortstoßen, fest auch zum Entgegenstemmen!
[zum Entgegenstemmen: zur Gegenwehr]
4. Wann immer die aus ÁSURA hervorgegangene RODASÎ Lust hat, von den sieben (und) sieben MARÚT einen zu umfangen, (sie,) die von mannhaftem Geist, steigt sie wie SÛRYĀ auf (geht ... zu) des (ihr) zu dienen Bereiten (ihr Dienenden) Wagen.
[den sieben (und) sieben: den in Siebenergruppen auftretenden]
5. Die hervorprunken wie Frauen, des RUDRÁ Söhne, Wirker Leben wirkender Wunderwerke, vermögen Himmel-und-Erde wahrlich die MARÚT hervorzubringen zu Gedeihen.
6. Laut, o ihr MARÚT, soll euer Späher brüllen, zu Leben besprengt uns (immer) weiter die kuherquickende Weide mit Schmelzbutter, Wohlfahrt zu geben den Mannen und dem Vieh! Lasst hervor die beiden Arme fließen uns zu Leben!
[Späher: ÍNDRA als Blitz spähend]

Fort flogen meine Sehergedanken als tötende Waffen

1. Fort ja flogen meine Sehergedanken als tötliche (tötende) Waffen für Wölfe, Lichteres zu suchen – wie Vögel ihren Nestern zu: Ich habe dich gefunden, o SONNENGOTT, sodass frei von Wölfen (ich) wandeln kann an das jenseitige Ufer des Tages.
2. Einen weiten Pfad wahrlich hat König VÁRUṆA dem Sonnenlicht zum Entlanggehen gemacht nun: Dem fußlosen Aar hat er zwei Füße zum Aufsetzen gemacht.
3. Der gewitzte König VÁRUṆA hat geschafft die Schaukel dort an den Himmel, die goldene, zum Prunken wahrlich.
4. Und auch *du*, o PŔŚNI, hast emporgeführt das Lichtwunder, das wohlbekannte, o Kuh, die in der Vorzeit du von (deinen) Söhnen dich trenntest, von den MARÚT, zur Säugung des Vogels (zum Gesaugtwerden durch den Vogel [instr.Gen.]).
5. Wie lange wird es (noch) sein, o ÁDITI, dass tags des MITRÁ, nachts des VÁRUṆA Lichtgewand in der Himmelin Schoß anzublicken die Geborenen veranlasst der SONNENGOTT?
6. Deine tötenden Waffen, o VÁRUṆA, verbrennen den über die Gebote hinausspringenden, o lebendiger Gott!
7. *Uns* (jedoch), in euer beider Botmäßigkeit seienden, möget zu Leben die Lebenszeit ihr verlängern, o MITRÁ (und o VÁRUṆA), zu Leben weiter (noch)! Hundert Erntezeiten zu erblicken uns schenke, o VÁRUṆA!
8. O Götter, (als) gemeinsam (unsere Opfergaben) genießende zu Erquickung uns seid!

Die Ordnung des Opfers Grundlage zur Versorgung der Götter

1. (Ṛténa ṛtám, áṅgirasas!, yajñásya ádhārayadhvam – dharúṇam śāké devân paramé víoman.) Im Einklang mit der kosmischen Ordnung (in den Grenzen der kosmischen Ordnung) habt die Ordnung, o Priester der Urzeit, des Opfers ihr festgesetzt (befestigt) – eine feste Grundlage zur Versorgung der Götter mit Lebenskraft (zur Die-Götter-Versorgung-mit-Lebenskraft) im obersten Himmelsgewebe.
2. (Abhi-mármṛśatas yajñásya ṛtám ichâmasi sam-dŕśe kavîn sam-pŕche yuṣmân; úpa-u émi mánasā párān sādhú vi-pŕcham.) Zu ergreifen, ja zu ergreifen (im Geiste) des Opfers Ordnung, suchen wir die Seher, sie gemeinsam zu sehen, gemeinsam zu fragen – *euch*; und ich gehe im Geist zu den Früheren geradewegs, (sie) auszufragen.

3. (Yajñásya ṛtám vidvâṃsas ná devân śaknuvántas ví jānīyâma tántum cikitānâs ví jānīyâma víoma, váyanti yád sam-aré tántūn yántas kaváyas, bhármaṇe dívam bhármaṇe pṛthivîm vi-skábhe sánīḷe dhármaṇe kám bhúvanam!) Als des Opfers Ordnung Wissende die Götter versorgend mit Lebenskraft mögen wir kennen heraus den Faden als inwendig Schauung haltende, mögen wir kennen heraus das Himmelsgewebe, welches weben die zum Zusammenfügen der Fäden gehenden Seher, hervorzubringen den Himmel, hervorzubringen die Erde, auseinanderzustemmen die beiden Bewohnerinnen desselben Nestes, fest umfasst zu halten wahrlich die Welt!
4. (Prá-vām mahî Dyâvā abhí úpastutim, samudrâd yâ hṛdás srávati, dhātâras yuvós bhárāmahe návyam śúcī úpa práśastaye.) Vor zu euch beiden, dem großen HIMMEL (und der großen ERDE), bringen den Anlobgesang, der aus dem Ozean (unseres) Herzens strömt, wir, *euer beider* Ins-Sein-Setzer, aufs Neue – (vor) zu (euch,) den beiden lichten, zu (euer beider) Lob vor (anderen).

Nicht unser ist die Stärke, über Sünde hinauszuspringen

1. Ánu vratám Savitúr satyám Râtrī â ágāt.
2. Árīramat yántam-cid étos híraṇyahastas. Madhyâ kártos ní ádhāt manīṣâm dhîras ánu vratám gopâjihvasya.
3. Víśvasya hí śruṣṭáye devás ūrdhvás prá bāhû sísarti.
4. Ácittyā yád cakṛmá dáivye jáne devéṣu-ca, Sávitar!, mânuṣeṣu-ca, tvám-nas átas suvá ânāgasas bhuvé!
5. Ná asmâkam hí ásti tád śávas, âdityāsas!, ati-skáde énas.

Parvan 104

Des VALÁ Kühe herbeigeschafft wie das Gewittergewölk

1. Auch heute wahrlich, o BṚHAS PÁTI, hast, nachdem nach (ihnen) du gegriffen, des VALÁ Kühe du geschafft herbei – wie das Gewittergewölk der Wind herbei(zuschaffen pflegt) – (sie) zu geben den Menschenkindern.
2. Wie eine Bruderlose geht zu den Männern der Kühe Mutter jetzt, (ihnen) zugekehrt – wie eine, die den erhöhten Wagensitz besteigt zur Erlangung von Kampfpreisen.
3. Die MORGENRÖTE wahrlich, der rötlichen Kühe Gebärerin, (ist) reichlichst (als reichlichste) zu sehen wahrlich, sodass ihre Kraft sie zu reichen vermag, gesaugt zu werden vermag durch das Kalb.
[Kalb: AGNÍ]
4. Weggegangen ist von der NACHT als eine, der entgegenzublicken, die MORGENRÖTE.
5. Hervorstreben lassend das Gehende, hervorbringend (herbeitragend) das Feststehende lässt weithin wahrlich uns Reichtümer aufblitzen die MORGENRÖTE zu Erquickung.
[Reichtümer: die Reichtümer der in Licht getauchten Schöpfung]

Stoßt hinweg, o ihr MARÚT, jene, die als Vögel in den Nächten dahinschießen!

1. ÍNDRA ist mit den RUDRÁ, an die niemals man sich heranerkühnen darf, nachdem verlassen er (seine) Wohnstätte, herbeigekommen, mit der verbündeten Schar Taten eines tapferen Kämpfers hervorzubringen, zu melken das All, auf dass es sei frei von Wölfen.
[mit den RUDRÁ: mit den MARÚT]
2. Stoßt hinweg, o ihr MARÚT, die (ihr) dem ÍNDRA als Gewaltigstem untertan, (jene,) die, Vögel geworden, in den Nächten dahinschießen oder die Anschmierungen sich zu Schulden kommen lassen (sich setzen)! Wir wollen zurücklassen, die Nichtliebe sind!
3. Vor (deinem) Schlagen mit der Keule, o ÍNDRA, lag die Wasser umschließend wahrlich, (seine) Frauen umschließend über des düsteren (Wasser)raumes Tiefe hin VṚTRÁ.

4. Mitten im Mit-seinen-Frauen-Zusammenkommen hast du ihn erschlagen; nachdem du erschlagen den Schlangerich, o du mit der tötenden Waffe im Arm, ließt du dahinsausen die sieben Ströme, auf dass sie strömten.
5. Ein Allkräftiger bliest du, nachdem du getrunken vom Soma (und) aus dem Himmel Stärke empfangen (gestärkt) ein tapferer Kämpfer, fort durch Kampf die Erschöpfergeister – für den SONNENGOTT zum (Seine-)Umlaufbahn-Entlanggehen (als) vor Anschlägen seitens Dämonen sicheren.
6. Dies mächtige Wesen dein, o ÍNDRA, das in der Vorzeit verborgene, das erlangst *du*, (ist es,) wodurch das Gewordene zur Geburt du gebracht, wodurch das, was werden wird (, zur Geburt du wirst bringen).

An des MITRÁ, des VÁRUṆA Herrschaft sich nicht heranerkühnen

1. Fernhin (sind) für euch beide, o MITRÁ (und o VÁRUṆA), die ihr auf erhöhtem Wagensitz sitzend herbeigekommen die größten Freudespender der Menschen seid, Dichterworte erstrahlen zu lassen, neue.
2. Von (seinem) brennenden Nachen aus all die (Werke), die jenseits dessen, was sichtbar, aufmerksam schauend, sieht VÁRUṆA auf die getanen (Werke) und die zu tun sind, (auf die) der zu Leben Tätigen und (die) der zu Tod Tätigen.
[Nachen: Sonne]
3. Nicht von euch beiden, o MITRÁ (und) o VÁRUṆA, sind der Geborenen in (deren) Innern verborgene Gedanken nicht zu schauen: Ihr beide sollt uns befreien, wie durch Bande gebundene, vom Tod wirkenden Geistesgewirken (unserer) Herzen setzt uns ins Weite!
4. Und an des MITRÁ, des VÁRUṆA Herrschaft, der seit der Vorzeit über das All herrschenden, hat man sich, von wo auch immer, nicht heranzuerkühnen.
5. Der nicht zu durchstoßen (hinüberzustoßen), nicht niederzubeugen, o ihr beiden Spender des Leben wirkenden Himmelstaus, der Schutzschild, o ihr beiden der Welt Kuhhirten, mit dem uns, o MITRÁ (und) o VÁRUṆA, erquickt!
6. Vor *dich* (zu dir) will ich treten, (dich) mit Lebenskraft zu versorgen, o MÍTRA! Zum mächtigen Sohn der ÁDITI haben sich die Seher unter Sehergedanken mit Verbeugung zu setzen; *du* auch (bist) eine, zu der man sich mit Verbeugung setzen muss, o Mutter des MITRÁ: Alle Götter ja bist du, die fünf Völker, das Geborene (und) wahrlich (auch) das, was zur Geburt gebracht werden soll, um jenseits dessen, was sichtbar, zu sein.

Die beiden AŚVÍN Verschenker eines siegreichen Schimmels

1. Yás-vām párijmā suvŕt, Áśvinau!, ráthas uṣádbhis hávyas havíṣmatā, śaśvattamâsas tám-u-vām samyák idám vayám sam-dŕśe â vavṛtyâma pitúr ná nâma suhávam!
2. Yuvám rúśantam Pedáve, Áśvinau!, áśvam, yám ānaśáthur, navábhis vâjais navatyâ-ca vājínam dadáthur Bhágam ná nŕbhyas hávyam mayobhúvam.
3. Tyáu Aśvínau nâsatyau-me yájadhyai pratnavát dhâtave priyâṇi hitáprayasau.

Den Pfad am Himmel, der von Göttern nicht zu überschreiten, wollen wir gehen

1. (Mánuṣām kâvyais yé ná ni-náme prātár tasthúṣī, Ródasī!, māyínī imé mitvâ gárbham kavīnâm pūrṣú hṛdâm jajñáthur nūnám vardháyantī hástebhis dhīrāṇām.) Die ihr beide durch der Menschen Sehergedanken nicht niederzubeugende, sobald in der Frühe ihr hervorgetreten, o HIMMEL-UND-ERDE, zwei wirkmächtigen Denkens mächtige selbst, habt, nachdem gebildet ihr (euren) Spross in der Seher Burgen der Herzen, (ihn) zur Geburt ihr gebracht nun, (ihn) großzuziehen durch die Hände Denkmächtiger.
[Spross: AGNÍ]

2. (Ábhūt Agnís sam-vŕdhe mânuṣāṇām śāké: Hiraṇyáyād pári yónes ni-sádyā ánnam dadhītá hiraṇyadânām!) AGNÍ ist gemeinsam zu stärken von den Menschenkindern, mit Lebenskraft zu versorgen: Hat er aus goldenem Schoß hervor(kommend) sich niedergesetzt, möge die Speise der Goldgeber er empfangen!
[aus goldenem Schoß: aus dem Ozeanwasser; Goldgeber: Schmelzbutter/Gedichte gebende Priester]
3. (Vánābhyām bhṛtám śatádhāram útsam mānaváis vṛddhám pitáram váktvānām girâm, Ródasī!, piprtám rocané satyavâcam!) Den aus zwei Hölzern hervorgebrachten hundertstromigen Urquell, den von Menschenkindern gestärkten, den Vater der zu wortenden Erhöhungslieder, o HIMMEL-UND-ERDE, fahrt in den Lichtraum, den Lebendigsichtbares wirkenden Wortes mächtigen!
4. (Ábhūt ṛtám devás Savitâ vándyas nú-nas upa-vâcyas nŕbhis parā-núde dásyūn vartanés rúśatyās.) Es ist erschienen im Einklang mit der kosmischen Ordnung Gott SAVITÁR, der zu loben nun von uns, anzurufen von Männern, auf dass er fortstoße die Erschöpfergeister von (seiner) Bahn, der hellleuchtenden.
5. (Vásānas nirṇíjam dṛśé kám súar ná arcîṃṣi ájanata Sómas priyâṇi.) Sich kleidend in (seine) Prachtgewandung, die anzusehen wahrlich wie das Sonnenlicht, hat (seine) Strahlen zur Geburt gebracht SÓMA, die freudespendenden.
6. (Imám pánthām diví, devânām yás ná ati-kráme ná ati-skáde, jagamyâva prá-śastaye, íti āhátur Savitâ utá Sómas.) Jenen Pfad am Himmel, der von Göttern nicht zu überschreiten, nicht zu überspringen, möchten wir beide gehen, vor (anderen) gelobt zu werden", sprechen SAVITÁR und SÓMA.

Parvan 105

Wie ans Feuer ein Nackter sich setzen an das Euter der MORGENRÖTE

1. Wie ans Feuer ein Nackter setzte sich die Hervorgeborenenschaft HIMMELS und der MORGENRÖTE in der Urzeit, nachdem der nichtdurchsonnte, der durchsonnte Raum sich hatten niedergesetzt, nachts ans Euter (der MORGENRÖTE), gemeinsam zu entzünden das (Opfer)feuer, all die gewordenen Dinge gemeinsam hervorzubringen: So mögen auch *wir* als sieben Sänger, indem auseinander wir stemmen Himmel (und Erde), die Welt uns hervorbringen jetzt!
[die Hervorgeborenenschaft HIMMELS und der MORGENRÖTE: die Menschen; nachdem der nichtdurchsonnte, der durchsonnte Raum sich hatten niedergesetzt: nachdem der Wechsel von Tag und Nacht eben begonnen hatte]
2. Die MORGENRÖTE, die erstrahlende, hat, nachdem das (Opfer)feuer gemeinsam entzündet worden, der aufgehende SONNENGOTT weithin nun (sein) Licht aufgerichtet zu Leben: Nachdem (ihre) Wohnstätte sie verlassen, die jenseits dessen, was sichtbar, eilen in das geordnete Weltall, an seinen höchsten Punkt (ans höchste) die Rosse des hoch oben Dahinwandelnden.
3. Eine Fackel, der entgegenzusehen, verschaffend dem Fackellosen, ein Schmuckstück, vor dem man sich niederbeugen soll (zum Niederbeugen), o ihr jungen Männer, dem Schmucklosen, wurdest du zusammen mit den Strahlen der MORGENRÖTE geboren, o SONNENGOTT, wurdest du geboren, als die an Reichtum Reiche erstrahlte.
[die an Reichtum Reiche: die MORGENRÖTE]

Der durch zehn Verschwisterte aus dem Dunkel hervorgeholte

1. (Als) Haupt der Erde sollst aufscheinen nachts *du*, gesehen zu werden von Sterblichen und der Schar der Unsterblichen, der, ein aus Pflanzen geboren werden Sollender, du belebt wirst durch der Denkmächtigen zehn Finger.
[aus Pflanzen: aus den Reibhölzern]

2. Welcher durch die zehn Schwestern aus dem Dunkel hervorgeholt von Vater (HIMMEL und Mutter ERDE) umhegt die junge Frau gesaugt, ist nun weithin erstrahlt; nachdem AGNÍ durch Leben wirkendes Geistesgewirken von Menschen geboren ward, ist verschwunden die Nacht, ist sichtbar geworden das Sonnenlicht, entlangzugehen den wohlbekannten Pfad, zu überschreiten des Ozeans verborgene Schöpfung.
[die junge Frau: die MORGENRÖTE]
3. „Des Luftraums Durchmesser (Durchmessender), Opferguss bin ich, AGNÍ mit Namen", spricht der Sohn des alle Menschen umfangenden Himmels, der von jungen Männern zu rufende, der, nachdem er getrunken von der Schmelzbutter, die Zauberer verbrennt.
4. Dieses zu Leben gebildete Dichterwort haben zu Leben dem Erleuchter, dem reichlichst (als reichlichsten) von den Menschenstämmen zu sehenden, aus dem Herzen wir gewortet – zu Gedeihen.

Und sie sagen von ÍNDRA: „Er ist nicht!"

1. (Yujâ gaṇéna Marútām vándyena, úpa-u rátheṣu yás pŕṣatīs áyukta, kármāṇi janáyan viśváujās pītvî sómasya divás â vṛdhānás śûras nís yudhâ dháma dásyūn hetyâ jahí duṣpathí sísratas!) Mit der verbündeten Schar der MARÚT, der lobenswerten, die nun an (ihre) Wagen sich (heran)gespannt die getupften weiblichen Zugtiere, Taten hervorzubringen, blase, ein Allkräftiger, nachdem du getrunken vom Soma (und) aus dem Himmel Stärke empfangen (gestärkt), (als) tapferer Kämpfer fort durch Kampf die Erschöpfergeister, mit (deinem) Geschoss töte die auf todesträchtigem Pfad Dahineilenden!
2. (Índrau Sómau!, brahmadvíṣe ghorácakṣase dvéṣas dhattám! Duṣkŕtas vavré antár támasi pra-vídhe kám. Ná átas púnar ékas caná úd jagamyât vásūni vi-cákṣe! Tád-vām ástu sáhase manyúmat śávas!) O ÍNDRA (und) o SÓMA, dem Hasser des dem Herzen entquellenden Wortes, dem mit dem grauenerregenden Auge setzt Hass ihr beide! Die zu Tod Tätigen (sind) ins Innere der Höhle, ins Dunkel kopfüber zu stoßen wahrlich! Möge von dort nicht wieder irgendeiner heraufkommen, lichte Güter zu erblicken! Eine solche soll sein euer beider ingrimmerfüllte Stärke zum Siege!
3. (Índram-smā pṛchánti kúha sás íti ghorám utá tám, ná yás ā-dhŕṣyas, āhúr ná eṣás ásti íti. Áśmā-iva vídhya Uśáne sácā divás â sṛjānás vŕkān!, satyám yé ásantam ūcúr.) Nach ÍNDRA wahrlich fragen sie: „Wo (ist) er?" – nach dem grauenerregenden, und in Bezug auf den, an den man sich nicht hat heranzuerkühnen, sagen sie: „Er ist nicht!" Wie ein Stein, der vom Himmel geschleudert wird, triff, (mit Soma) versorgt von UŚÁNĀ, die Wölfe, die den Lebendigsichtbaren (als) Nichtseienden künden!
4. (Āmâsu-cid góṣu, súdaṃsas!, śiśriyâs pakvám antár páyas kṛṣṇâsu rúśat róhiṇīṣu dāváne-nas vâjam!) Mögest in der Kühe, roher wahrlich, o Wirker Leben wirkender Wunderwerke, Inneres legen du gekochte Milch, in die schwarzen die weiße, in die rötlichen Kühe, zu geben uns stärkende Nahrung!
5. (Ámūrās, Índra!, ní sádāma sácā suté páyasā sam-pŕce avṛkám dyós pārám didṛkṣávas!) (Als) nicht Stumpfsichtige, o ÍNDRA, wollen wir nieder uns setzen, (die wir) genährt vom ausgepressten (Soma,) dem mit Milch zu mischenden (mit Milch zu vereinigen), frei von Wölfen des Tages jenseitiges Ufer zu sehen Begehrende.

Weithin blickend wandelt der schimmernde Mond nachts

1. Práti-vām gartasádau sûrye úd-ite vidhéma námobhis!, Mítrau Váruṇau!, átha havyáis sumatím ahám syâm dadhānás!
2. Utá sváyā tanúā sám váde tád: Kadâ-svid púnar âgas cakṛvân antár Váruṇe bhúvam? Kadâ-svid dyós pārám saniṣyâmi ámūras? – Yuyóta śárum asmád â!, âdityāsas!

3. Dívam Mitrásya rūpám abhi-cákṣe dyós upásthe jánān Sûryas kṛṇuté, vi-cákṣāṇas candrámās náktam éti; áhasu vṛṣṭés â-gateṣu maṇḍûkānām ghŕṇau śáyānānām vâk árcati urviyâ: Ádabdhāni, Váruṇa!, vratâni-te. Śratháya pâśam-me baddhásya!

Parvan 106

O GESTIRNE, aufmerksam wacht über mich!

1. Nun, o GESTIRNE, o ihr zu Freude zu Schauenden, die ihr von unseren Vätern, den zur Erlangung des Sonnenlichts Tanzenden, Springenden in der Vorzeit weggegangen als Staub, aufzufahren ins Himmelsgewölbe, wacht aufmerksam über *mich*, den zuverlässig sich euch zu Leben erweckenden!
2. Nun, o HIMMEL-und-ERDE, die ihr jenseits dessen, was sichtbar, jetzt, beim Herrschen des schimmernden Mondes: Mit den Gestirnen, die (an)zusehen wahrlich wie Augen, gewaltigen Schutzmächten, hütet aufmerksam uns, die ihr gemeinsam (die Opfergaben) genießt!
3. Möge das Herrlichste *unser*, sieben Geisteswacher, das dem Herzen entquellende Wort durch (unsere) Seherfreundschaft – (als zuvor) im Innern Verborgenes, (als) Hineingesetztes ins Verborgene – offenbar (sichtbar) werden *euch beiden*, (solchen,) zu denen unter Verbeugung man sich setzen muss, (als) erstes!

Die MORGENRÖTE – tun lassend jedem das Seine

1. Aus dem Pferch des PAṆÍ haben wir, nachdem wir, jeder einzelne, die Seherfreundschaft von dreimal zwei Freunden erlangt, kraft Namen, die ins Verborgene wir gesetzt uns (als) höchste, die rötlichen Kühe herausgetrieben, die laut zu kündenden.
2. Hervorstreben lassend Fluten, rings hervorbringend das Feststehende lässt steigen auf erhöhten Wagensitz den Wagenfahrer die Gabenreiche, den Fische zu fangen (erlangen) Suchenden (steigen) auf den Nachen, entlangzufahren die wohlbekannten Flüsse.
[die Gabenreiche: die MORGENRÖTE]
3. Herrschaft zu suchen den einen, Ruhm den anderen, an (seine) berufliche Tätigkeit zu gehen (wieder) einen anderen, lässt die MORGENRÖTE zu (ihren) Strahlen emporstreben die Lebenden.
4. Zu suchen Reichtum verlässt (sein) Lager der Gewitzte, zu suchen Schutz der Schutzbedürftige, die dürftig Sehenden (verlassen ihre Lager) weithin umherzublicken, zu empfangen innere Schau seitens der nicht stumpfsichtigen Schar der Unsterblichen (verlassen ihr Lager,) die ohne inwendige Schauung.
5. Zu eigen gegeben haben wir (dieses) Loblied dir – wie eine junge Frau einem jungen Mann: Mögest du (es) an dich nehmen, (es) zu melken, o Herrin, als Milchkuh, die (unbeaufsichtigt) wandelt (als) kuhhüterlose!

Der inwendige Ozean weithin aufblitzend

1. Der *eine* (inwendige) Ozean, ein Träger von Reichtümern: Aus unserem Herzen blitzt er, ein reichlichgebärender, weithin auf, zu geleiten AGNÍ zu der MORGENRÖTE Euter, hervorzubringen die Welt, fest umfasst zu halten wahrlich die Erde.
2. Inmitten der Wasser ja, (inmitten des) Ozeans, sprach zu mir SÓMA, (seist) auch *du*, o AGNÍ, der heraufgekommen du allen ein Segen bist.
3. Er (ist) Rufer der Götter und Opfergusspriester, erster, seht ihn! Er (ist) das Licht, das unsterbliche, bei den Sterblichen. Er (ist) die Flamme, die das Opfertier garbrennt.
4. Dein Kraftstrom, habe gehört von den Vätern (Gen. statt Abl.) *ich*, (sei) für Götter (Gen. statt Dat.) und Sterbliche (Gen. statt Dat.): Einem Sohn, einem leiblichen, soll zu Geburt er sein (verhelfen) heute! Dieses dein Wohlwollen soll uns sein!

5. Seher, am meisten Freude spendender ja den priesterlichen Rufern der Götter und Opfergusspriestern ist er, Gewahrer alles Geborenen mit Namen, Fackel der Nacht.

Jenseits der ÁDITI, wo des Wunsches Wünsche erlangt

1. Mit freudespendendem Auge wandelt auf des Himmels Fährte, der vor den Sterblichen ins Verborgene gesetzten, der SONNENGOTT (als) Fährtenaufspürer, treuer: (Seinen) Weg wird er nicht verlassen des VÁRUṆA unverbrüchliche Satzungen beachtend, nicht tastet er der Schöpfung Grundfesten an.
2. *Dich* mit Lebenskraft zu versorgen, o von jungen Männern Anzurufender, trennte sich von den durch Macht mächtigen MARÚT (Instr. statt Abl.) in der Vorzeit die ERDE (als diese versorgende) Milchkuh.
3. Gesaugt zu werden von *dir*, o weißer Tropfen, trennte sich PŔŚNI von (ihren) Söhnen (Instr. statt Abl.): Es hielt sich fern von ihnen als große ÁDITI die Mutter derer, die eines Sinnes und Trachtens, (sie,) die aus dem Nabel des PÚRUṢA hervorgegangener Raum, die (yás statt yâ) Vater, Sohn.
[o weißer Tropfen: o Sonne; derer, die eines Sinnes und Trachtens: der MARÚT]
4. Über die unteren Gefilde (Fährten) hinweg wollen wir steigen zu dem ins Verborgene gesetzten Sitz, der jenseits der ÁDITI, wo gemeinsam mit den Göttern (das Opfermahl) genießende die Väter, wo des Wunsches Wünsche erlangt, wo sie sagen, dass jenseits der sieben Sänger der *eine* ALLSCHAFFENDE (sei,) dessen Schatten Unsterblichkeit (sei) und Tod.
[jenseits der sieben Sänger: jenseits des Großen Wagens (der aus sieben Sternen besteht)]

Die stiergeistige, ichstarke, standhafte RODASÎ

1. RUDRÁ verkünde ich, den Träger des festen Bogens, ich verkünde sie, welche ihre, der MARÚT, kündenswerte Herrlichkeit, die lebendigsichtbare, ist, RODASÎ verkünde ich.
2. Wann immer die stiergeistige, ichstarke, standhafte RODASÎ Lust hat, führt Frauen sie (mit) sich, Leben wirkenden Anteil reichende, wann immer die asurische Lust hat, zu umfangen von den sieben (und) sieben MARÚT einen, die von mannhaftem Geist, steigt (geht) sie gar wie SÛRYĀ auf des (ihr) zu dienen Bereiten (des ihr Dienenden) Wagen.
[sieben (und) sieben: in Siebenergruppen auftretenden]
3. Nicht stoßen RODASÎ fort (sie,) die grauenerregenden, es genießen die ihrer Freundschaft Gedeihliche die Götter. Mögen nicht fortstoßen uns die von gemeinsamer Liebe geleiteten (veranlassten) Jugendlichen, die nimmer miteinander (an [ihren] Leibern) in Streit geraten wegen der jungen Frau!
4. Laut hat, o ihr MARÚT, euer Späher (der, der nach euch ausspäht), gebrüllt, der HIMMEL, Leben wirkende Fahrt (euch) zu geben. Möget Aufrichter ihr sein *uns*, an des Tages jenseitiges Ufer darzureichen Leben wirkende Bahn (uns), ununterbrochenstwiederkehrsamen!
5. Segensfülle spende (sie) reichlich, die von den MARÚT umhegt aufblitzt, Freiheit von jedwedem Mangel schenke, o RUDRÁ: Dass der heilendste du der Heiler (seist), höre ich.

ÍNDRA ohne ebenbürtige Gegenstücke

1. Ná kásya dhánva ná ádrayas pratimânāni babhūvúr?
2. Ná kásya antárikṣam ná dyâvā pṛthivî pratimânā?
3. Kásya śûrasya ná-cid Vṛtrás pratimânam babhûva? Kás ávidhyat-enam hetyâ mṛtyáve śátrum búbhūṣantam?
4. Ṭáva, Índra!, yásya dyâvas ná ví cáranti mânuṣās. Tvám áśṛṇās vadhéna nadīvŕtam.
5. Índrasya āyantúr máhi sthirám dhánva imâm tatakṣimá ŕcam: Té-asmai bhávantu ukṣáṇas!

Die beiden AŚVÍN im düsteren Luftraum tanzend

1. (Â yáu uchántyām uṣási vivyáthur suvŕtā ráthena samanâ, rájasi nŕtyantau!, arím coditârau ásathas kártavái áśvebhyas!) Die ihr beide herbei beim Erstrahlen der Morgenröte (als die Morgenröte erstrahlte) geeilt mit gutrollendem Wagen in gleicher Weise wie immer, o ihr im düsteren Luftraum Tanzenden, den Opferherren antreibende sollt sein ihr beide, auf dass (er) verschaffe Rosse (uns)!
2. (Yuvám hí śvetám Pedáve śubhé, Áśvinau!, áśvam navábhis vâjais navatyâ-ca vājínam dadáthur Bhágam ná nŕbhyas hávyam mayobhúvam.) *Ihr beide* ja gabt das weiße Ross dem PEDÚ zu Prunke, o ihr zwei AŚVÍN, das mit neun Kampfpreisen und neunzig siegreiche, das wie BHÁGA von Mannen zu rufen (und) eine Wonne ist.
3. (Yuvám-ha Rebhám, vŕṣaṇau!, gúhā hitám anu-mŕśyā úd áirayatam mamṛvâṃsam. Úd īráyatam-nas, Áśvinau!, budhnâd pastíānām Mitrásya abhi-cákṣe rūpám!) *Ihr beide* wahrlich habt den REBHÁ, o ihr beiden Stiere, den ins Verborgene gesetzten, nachdem ihr nach (ihm) gegriffen, heraufgeführt (heraufziehen lassen), den gestorbenen. Führt uns herauf, o ihr zwei AŚVÍN, aus der Tiefe (unserer) wasserumspülten Behausungen, anzublicken des MITRÁ Lichtgewand!
4. (Sómam ná cârum maghávatsu kṛtám-nas adyâ! Nâsatyayos sácā syâma pīpivâṃsas vásubhis!) Zu wie Soma prachtvollen in den Augen der Gabenreichen (bei den Gabenreichen) macht uns heute! Von zwei Nichtunwahrhaftigen umhegte mögen wir sein, strotzende von lichten Gütern!

Parvan 107

Vor zu dir gehen die einen, herum um dich sitzen die anderen

1. Aus der Milchkuh, PŔŚNI, *deiner* und der rötlichen Kühe Mutter, aus dem (Himmels)stier, der Leben wirkenden Samen hervorbringt, hast dessen lichtreiche Milch gemolken du dir – *dir* zu Erquickung, *dir* zu Gedeihen wahrlich, der jetzt auf der Seheropferstätte du ruhig dasitzt (als) Wundererscheinung, o saugendes Junges!
[AGNÍ die Strahlen der MORGENRÖTE sowie des mit dieser mehr oder weniger identifizierten SONNENGOTTES melkend/lichtend]
2. Über das Beißende hinaus bist du gewachsen jetzt, wahrlich von Leben wirkendem Geist bist du! Vor, vor zu *dir* gehen die einen, herum (um dich) sitzen, (als) Lobsänger den Spross mit Lebenskraft zu versorgen, die anderen, in deren Seherbund du, o AGNÍ, gefügt bist.
[das Beißende: den beißenden Rauch]
3. Aufblitzend und aufblitzend im Temenos leuchtet und leuchtet des zu Herrlichkeit gemeinsam entzündeten Stieres, des lichten, Antlitz Haus um Haus nach Wunsch (‚[als] gemäß dem Wunsch seiendes‘ §SWb34 – in Dev. [Zusammenschreibung auch bei Zusammenrückungen] auch als ‚dem Wunsch gemäß‘ [§SWb36] deutbar), des Himmelsgewölbes Scheitel (als) Sonne zu durchmessen in der Mitte der Tage (mittags).
4. Nachdem beim Erstrahlen der Töchter der MORGENRÖTE den Schoß des ÁSURA er verlassen, schließt nicht (sein) Auge der Ergötzliche Tag für Tag, um zu melken die Pfade der reichlich (ihm) entgegenjauchzenden Menschenkinder.
[Schoß des ÁSURA: Ozean als Mutterschoß des AGNÍ; Auge: die Sonne; melken: lichten]
5. Sitzend auf Wegen, umherspringend wie ein Kalb, das Junge einer Kuh, erhöhe zusammen mit den Strahlen der MORGENRÖTE *ich dich*, will mit der Zunge ausgießen Worte, wirkmächtige, für das Haupt der Erde, für den dreihäuptigen, siebenzügeligen, hundertstromigen Urquell, für den aus Pflanzen neu und neu geboren werden sollenden, den im Holz siegreichen, den Vater dieser Dichterworte.

Die HIMMELSFEUCHTE mit Sohn VṚTRÁ daliegend wie eine Milchkuh mit Kalb

1. Der ausliefert dem, der göttlichem Willen gemäß, göttlichem Willen Abgewandte, mit zu Beistand Bereiten durchstößt nicht zu Beistand Bereite, der hat Himmel-und-Erde erfüllt mit Sonnenlicht, er(füllt) die Mitte (dazwischen), die fünf Götter, die sieben um sieben Seher, die lichtreichen Welten.
2. „Wie Tage fort und fort wirst du geboren, o Flusseinschließer, fort und fort durchstoße ich dich, durchbohre ich dich mit Ingrimm", spricht der Grauenerregende mit der Keule im Arm.
3. (Da)liegt wie eine Milchkuh, eine gemeinsam mit Kalb seiende, die gemeinsam mit Sohn seiende HIMMELSFEUCHTE Tag um Tag. „Auf den Leib der Gebärerin des VṚTRÁ lasse herab (mein) Geschoss ich fahren (bringe herab)", spricht der mit dem grauenerregenden Auge.
4. Nicht ja (ist) euch ein Bezwinger gefunden worden im Himmel, nicht auf der Erde, o ihr des Dämons RUPFER Vertilger, o ihr MARÚT, o ÍNDRA! *Wir*, mit dem Tod Verbündete, wollen unter eurem und eurer Schutzmächte Schutzschild, der niemals durchstoßen werden kann, das Süß (eurer) Gnade kosten.

Eine am Lebenssaft sich Ergötzende will ich sein

1. Vorbringen zu Leben (sollt) *ihr* gewaltigste Verbeugung den beiden auf erhöhtem Wagensitz Sitzenden, aufmerksam Schauenden, Gedicht, Opferguss, den gnädig Seienden, süßesten (Opferguss), den gnädig Seienden! Sie beide, Gemeinsamkönige, zwei an Schmelzbutter Freude habende, (seien) Opferfeier um Opferfeier (mit) entgegen(schallender Stimme) Lobgesungene! Und an ihrer beider Herrschaft hat man sich, von wo auch immer, nicht heranzuerkühnen, an (ihre) Göttlichkeit niemals heranzuerkühnen!
2. Oh dass die Söhne der ÁDITI uns ohne Unterlass wahrlich zu Gedeihen seien (als) Wächter Tag für Tag, mächtigste seit der Vorzeit, (uns) lebenssaftlosen!
3. Worin (in Bezug worauf) auch immer ja deinen göttlichen Willen als menschliche Wesen dahinschwinden wir machen, o Gott VÁRUṆA, Tag für Tag, sollst nicht uns der tötenden Waffe du ausliefern, nicht (deinem,) eines Zürnenden, Ingrimm!
4. Nicht ja deine Herrschaft, o niemals deiner Lebenskraft Ermangelnder, nicht (deine) Macht, nicht (deinen) Ingrimm haben – nicht einmal – die Vögel dort, fliegende, erlangt. Wer (was für eine Frau) denn (bin) ich (dagegen)? Nicht ja bin fern (in der Ferne) von dir, eine Lebenssaftlose in Mangel an Lebenssaft, auch nur (nicht einmal) des Augenschließens Herrin *ich*.
5. Eine gemeinsam sich am Lebenssaft Ergötzende möge ich sein, eine gemeinsam mit dem Kuhhüter seiende, ein gemeinsam mit YÁMA seiende am ins Verborgene gesetzten Sitz, wo des Wunsches Wünsche erlangt, wo sie sagen, dass jenseits der sieben Sänger der *eine* ALLSCHAFFENDE (sei,) dessen Schatten Unsterblichkeit (sei) und Tod.
[Kuhhüter: VÁRUṆA; jenseits der sieben Sänger: jenseits des Großen Wagens]
6. Wo ruhig dasitzen, deren Verlangen seit langem daheim war, in Wonne die Väter, wo dem Wunsch gemäßer Wandel, im dritten Himmelsgewölbe, im dritten Himmel des Himmels, wo die Welten, die lichtreichen, dort *mich* unsterblich mach!
[daheim: nach Hause zu kommen]
7. Nicht will ich (als) dem göttlichen Willen Abgewandte unter des VÁRUṆA Zorn sein – (als) in der Mitte (meiner) Jahre Dahingegangene! Hervorstreben lassen habend aus der Burg geistiger Kraft erhöhende Worte, (und somit) eine mit Loblied Seiende, will nicht *ich* sein eine, die dahingeeilt ist mit einem Wort, das Milchkuh nicht ist, mit einer (sie täuschenden) Täuschemacht!
[Burg geistiger Kraft: das Herz (als Organ, durch welches der Mensch die Stimme des inspirierenden Gottes empfängt)]

Die Schwarze ihre Sitze überlassend der Weißen

1. (Rúśatī ájaniṣṭa vibhâvarī; ájahāt sádanāni-asyās kṛṣṇâ-u ririkúṣī śvetâyai; samānás ádhvā svásros anantás akṣábhyas niṇyás; tám anyâ-anyā cáratas sthiré nákis tanúos yátete.) Die hellleuchtende ist geboren, die weithin aufscheinende; verlassen hat ihre Sitze die Schwarze nun, sie überlassend der Weißen; derselbe Weg (ist) beider Schwestern, der endlose, den Augen verborgene; den wandeln die beiden, die eine um die andere, (als) zwei Standhafte, nimmer streiten sich untereinander (an [ihren] beiden Leibern) die beiden.
2. (Īyúr té, yé pûrvatarām ápaśyan vi-uchántīm uṣásam, mártyāsas; asmâbhis-ū nú prati-cákṣyā ábhūt uṣâs iyám; â-u té yánti, yé aparîṣu dṛśúr bhávyās.) Dahingegangen sind die, welche die frühere Morgenröte sahen erstrahlen, die Sterblichen; von uns wahrlich nun entgegenzublicken ist der Morgenröte dort (eine entgegengeblickt werden sollende ist die Morgenröte dort); herbei kommen wahrlich die, welche in späteren Zeiten sehen werden (jene Morgenröten,) die aufscheinen werden.
3. (Gabhīráśaṃsās nânā vayám jaritâras uśíjas kâmena Uṣásas kṛtâs vrajásya [=vrajâd] Paṇés ékas-ekas sakhyám trís dváyos ānaśānâs mitráyos námabhis, gúhā yâ dadhimáhe párāṇi, usríyās úd âjāma pra-vâcyās.) Tiefes Redende (tiefe Rede führende) haben verschiedenenorts *wir* Sänger, kühebegehrende, von Liebe zur MORGENRÖTE geleitete (veranlasste), aus dem Pferch des PAṆÍ, nachdem wir, jeder einzelne, die Seherfreundschaft von dreimal zwei Freunden erlangt, kraft Namen, die ins Verborgene wir gesetzt uns als höchste, die rötlichen Kühe herausgetrieben, die laut zu kündenden.
[die rötlichen Kühe: die Strahlen der MORGENRÖTE]

Schauen will ich dich auch als ans Greisenalter Gekommener, o SONNENGOTT!

1. Práti tvâm, rúkma ní-name!, idám víśvam mándate, yád kím-ca éjati pṛthivyâm ádhi yád kím-ca-tvā ud-jígatam dadárśa sácā mātrós cikâya-tvā anántam pánthām ánu.
2. Anyád-anyad asuríam vápus vásānās uṣási māyínas venâs ánuvratās ní mamimáhe rūpám śyené. [śyené / dem Aar: der Sonne]
3. Víśvam anyád ní viśáte, yád kím-ca éjati. Viśvā-áhā îrate náktasya gabhīrâs âpas, viśvā-áhā úd éti kṣámi ádhi kṣiyatâm dharúṇas, úd éti dhātâ sadhásthasya sajóṣāṇām ádbhutas.
4. Idám, ráśmayas!, prá váhata, yád kím-ca duritám máyi utá ánṛtam! Tvâm máhi jyótis bíbhratam, vícakṣaṇa!, cákṣuṣe-cakṣuṣe máyas prá rāsú krâmantas vayám práti páśyema!
5. Yás-tvā ádhā máryas mūrás â-ca párā-ca pathíbhis cárantam ví cákṣe, Sûrya!, antar-â pitáram Dívam mātáram-ca Bhúvam, cikiyâm-tvā úpa jaraṇâm īyivân-ca nicirás cékitānas bhûri!